JOURNAL

D'UN

JOURNALISTE AU SECRET

Il est plus aisé de décréter l'arbitraire que d'en user.

National, 12 juin 1832.

———————

Et voyez ce qui est arrivé de ces superbes insensés, de ces hommes qui ne pouvaient concevoir leur pays autrement qu'administré et manié par eux ; il n'y en a pas un qui, en tombant du faîte des grandeurs, n'ait été heureux de trouver la presse libre, et de la faire servir pour prouver qu'il avait été moins odieux, moins coupable qu'on ne le disait.

Procès du National, 1832.

———————

La censure mutile, mais elle n'emprisonne pas et ne ruine pas.

National, 5 août 1835.

———————

Quels qu'aient été, quels que puissent être à l'avenir nos débats avec *la Presse*, nous devons lui rendre la justice de dire qu'elle n'a, du moins, jamais provoqué ni excusé les violences et les persécutions du pouvoir envers les journaux. Elle n'a jamais non plus approuvé ou défendu les lois de septembre.

National, 20 septembre 1841.

———————

Nous savons aussi que si vous avez dans les mains les moyens les plus terribles pour contenir, le législateur n'a pas voulu vous donner ceux de CONFISQUER.

National, 21 septembre 1841.

———————

Ceux-là qui veulent la dictature, qui rêvent la destruction de la presse, ne sont pas seulement de *mauvais citoyens*, ce sont bonnement des *imbéciles*. Tribunaux politiques, dictature, censure, n'ont jamais sauvé les pouvoirs condamnés !

National, 30 septembre 1841.

JOURNAL

D'UN

JOURNALISTE

AU SECRET

PAR

ÉMILE DE GIRARDIN.

« Toute indépendance doit s'expier. »
(*Presse,* 1 juin 1848.)

« Ne comptez pas sur moi pour conspirer
jamais la démolition d'aucun gouvernement,
mon esprit s'y refuserait; il n'est accessible
qu'à une seule pensée : améliorer le gouvernement établi; le légitimer par le nombre
de ses bienfaits; le glorifier par la grandeur
de ses œuvres. »
(*Presse,* 7 juin 1848. *Réponse à
M. Proudhon.*)

o

PARIS

MICHEL LÉVY FRÈRES, LIBRAIRES-ÉDITEURS

de *Jérôme Paturot à la recherche de la meilleure des Républiques,*
RUE VIVIENNE, 1.

JUILLET 1848.

TABLE DES MATIÈRES.

Troisième Épisode

D'UNE GRANDE HISTOIRE (1).

> Il est bon qu'il se rencontre des citoyens
> courageux prêts à prendre sur eux une res-
> ponsabilité hasardée, de ces hommes qu'on
> appelle *mauvaises têtes,* mais qui rendent
> au pays le service de le préserver de révo-
> lutions violentes. Sans eux, sans les obs-
> tacles continuels qu'ils opposent au pouvoir,
> celui-ci, libre dans sa marche envahissante,
> s'avan erait rapidement jusqu'à un point
> où le besoin d'une catastrophe apparaîtrait
> de nouveau.
>
> ODILON BARROT, Procès du
> *National,* 1832.

Prison de la Conciergerie. Dimanche 2 juillet.

Au premier rang des libertés publiques se
placent incontestablement la liberté individuelle
et la liberté de la presse.

(1) Sous le titre : BON SENS, BONNE FOI, nous imprimons en ce
moment dans le même format un volume composé de ceux des

1.

Je viens dénoncer à la France le plus farou-
che, le plus invraisemblable, le plus inqualifiable, le plus incroyable attentat à ces deux
libertés, pour le triomphe desquelles cependant
nous en sommes à notre troisième révolution !

Vainement chercherait-on l'explication de cet
attentat dans ma conduite et dans mon langage
avant et après le 24 février, conduite et langage que je suis forcé de rappeler.

Député, apercevant une révolution venir et
m'efforçant de la conjurer, j'avais écrit le 8 février à M. Odilon-Barrot, chef de l'opposition,
une lettre dans laquelle j'insistais pour que l'opposition protestât par le nombre imposant de ses
démissions contre la flétrissure que lui impri-
maient les termes d'une adresse imprudente.
Ma pensée était de contraindre ainsi le cabinet
à se retirer et en tout cas d'échapper par la
fièvre électorale à la fièvre révolutionnaire,

articles les plus remarquables publiés par M. Emile de Girardin
depuis le 24 février jusqu'au 3 avril. Au commencement et à la fin
de ce volume sont le premier et le deuxième épisode d'une grande
histoire, ce qui explique le titre donné ici à cette narration qui
forme la première partie du JOURNAL D'UN JOURNALISTE AU SECRET.

(Note des Éditeurs.)

d'étendre le danger sur toute la surface de la France, afin de l'affaiblir à Paris.

Seul, et résistant à toutes les instances qui me furent faites pour m'en détourner, je donnai le 14 février ma démission motivée.

Le 24 février, dès huit heures du matin, j'étais accouru près du chef de l'Etat pour l'informer de la gravité de la situation, dont il ne semblait pas qu'on se doutât autour de lui; trois heures après j'étais le premier à lui présenter le projet suivant de proclamation où chaque mot était un acte :

Abdication du Roi ;
Régence de Mme la duchesse d'Orléans ;
Dissolution de la chambre ;
Amnistie générale.

Mais, faute de moyens de donner à cette proclamation une immense, rapide et authentique publicité, ce dernier effort de mon dévouement à un gouvernement auquel j'avais juré d'être fidèle demeura stérile.

J'avais rempli jusqu'au bout ce que mon patriotisme avait considéré comme un devoir, car, à la chambre des députés, bien que je n'en

fisse plus partie, je n'avais quitté Mme la duchesse d'Orléans et ses enfants, qu'après avoir
concouru à assurer leur retraite.

Je n'étais pas républicain, non pas que mes
idées ne fussent point profondément démocra-
tiques, mais uniquement par dédain pour ce
qui n'est que pures formes de gouvernement.
J'étais et je suis plus que jamais de l'avis de
Mirabeau ainsi exprimé : « *Je crois qu'il n'ap-*
« *partient qu'à un ordre d'idées vagues et confuses*
« *de vouloir chercher les différents caractères des*
« *gouvernements. Tous les bons gouvernements*
« *ont des principes communs*, ils ne diffèrent
« *que par la distribution des pouvoirs. Les*
« *républiques*, en un certain sens, *sont monar-*
« *chiques ; les monarchies*, en un certain sens,
« *sont républiques. Il n'y a de mauvais gouver-*
« *nements que deux gouvernements :* c'est le *des-*
« *potisme et l'anarchie ;* mais je vous demande
« pardon, ce ne sont pas là des gouvernements,
« c'est l'absence de gouvernement. »

Mais après le 24 février, sondant d'un regard tous les dangers, tous les désastres,
toutes les conséquences sociales d'une guerre
civile, je n'hésitai pas et je fus le premier à

faire entendre ce cri : *Confiance ! confiance !* qui retentit dans toute la France, écarta la peur des esprits et y fit entrer l'espérance et la concorde.

Une telle conduite empreinte d'autant de franchise que de décision devait assurément me mettre à tout jamais à l'abri du soupçon.

Je le croyais !

Cette conduite, cependant, ne me valut que les attaques du *National*, attaques marquées au coin de misérables petits ressentiments que l'ouragan d'une révolution n'avait pas été assez fort pour balayer, quoi qu'il eût été assez violent pour briser un trône.

Député depuis 1834, homme d'organisation c'est-à-dire de gouvernement et d'ordre, jamais la liberté ne m'avait trouvé dans les rangs qui lui étaient opposés.

En 1835, j'avais voté contre les lois de septembre restrictives de la liberté de la presse.

Ecrivain, j'avais pris parti , en 1840, pour M. Lamennais, contre les deux ministres qui s'étaient succédé : M. Thiers et M. Guizot ; je m'étais élevé contre la doctrine de la complicité morale , et je n'avais pas hésité à donner raison à M. Dupoty contre M. Hébert (1).

J'avais constamment suivi une ligne droite au milieu des partis ; en aucune circonstance, ne sacrifiant à aucune considération, à aucune sympathie , à aucune relation d'intimité ce que je croyais devoir être l'intérêt de mon pays , l'intérêt de la vérité, l'intérêt de l'avenir.

Peu m'importait que mon indépendance m'isolât et donnât lieu à des calomnies ! Des calomnies se multipliant, l'une contredisait l'autre.

Ce que j'avais été sous le gouvernement monarchique, je continuai de l'être sous le gouvernement républicain. Les caractères de la trempe du mien ne changent pas avec les événements.

J'avais toujours eu la haine violente de l'arbitraire : après comme avant le 24 février, je la conservai. Je mourrai avec elle.

Ce que j'eusse énergiquement blâmé de la

(1) Ce sont des faits que le *National* dans son numéro du 20 septembre 1841 a reconnus en ces termes :

« Quels qu'aient été, quels que puissent être à l'avenir nos débats avec la *Presse*, nous devons lui rendre la justice de dire qu'elle n'a du moins jamais provoqué ni excusé les violences ni les provocations du pouvoir contre les journaux. Elle n'a jamais non plus approuvé ou défendu les lois de septembre. »

part de M. Duchâtel, je le blâmai sévèrement
de la part de M. Ledru-Rollin.

Pourquoi donc eussé-je ménagé M. Ledru-
Rollin, alors que je n'avais pas ménagé M. Duchâtel, malgré des rapports d'idées assez nombreux, et des liens d'intimité assez étroits?

Quand M. Ledru-Rollin fit paraître ses célè-
bres circulaires et ses fameux bulletins ; quand
il investit de pouvoirs illimités dans les départements des hommes inexpérimentés, inconsi-
dérés, déconsidérés, des repris de justice et
jusqu'à des meurtriers ; quand la faux de la
destitution se promena impitoyablement et
aveuglément sur toute la France ; quand Paris
donna le spectacle de la plus scandaleuse curée
aux places, et des vanités les plus risibles,
cela est vrai ; je criai : *Résistance! résistance!*

Entre le cri *Confiance!* s'appliquant à la République, et le cri *Résistance!* s'adressant aux
républicains intolérants, entre ces deux cris,
poussés à vingt jours de distance, s'il y eut contradiction, cette contradiction provenait-elle
de mon fait?

Qui a lu les cinquante articles que j'ai publiés du 25 février au 2 avril jugera!

Le 29 mars dernier, une bande stipendiée vint menacer de briser mes presses si je persistais à user de mon droit de dire librement ma pensée.

Pendant trois jours, l'émeute soldée stationna devant les portes des bureaux de la *Presse.*

Elle ne réussit, ni à me décontenancer, ni à me faire taire. Elle en fut pour ses frais!

Des intérêts, plus timides qu'éclairés, vinrent me supplier de ne pas affaiblir par mes censures, si justes et si modérées qu'elles fussent, un gouvernement qui n'était que provisoire, et qu'ils considéraient comme étant le meilleur qu'il fût alors possible de former; ils vinrent me faire de mon silence une question de patriotisme.

Hésitai-je?

Peut-être n'a-t-on pas encore oublié la conduite empreinte d'abnégation personnelle que je tins jusqu'au 4 mai, jour où se réunit l'Assemblée nationale.

Ni la calomnie, ni les fausses interprétations, qui, cette fois encore, se démentaient elles-mêmes, n'eurent le pouvoir de me faire sortir de la réserve que je m'étais imposée.

Tous les sacrifices sont faciles à mon patriotisme sincère, mais peu démonstratif. Je hais les phrases qui n'ont pas les actes pour caution.

Je l'ai dit : je n'étais pas républicain de la veille ; conséquemment, je ne crus pas que je dusse aller au-devant de l'élection ; je trouvai juste qu'elle me préférât ceux que la nécessité de la possession d'un cens avait pu tenir longtemps écartés de la représentation nationale ; je n'opposai donc absolument aucune défense, aucune résistance aux manœuvres de tous genres qui furent employées pour m'empêcher d'être élu dans le département de la Creuse.

Deux mille voix me manquèrent pour que mon nom sortît utilement le septième ; il ne sortit que le dixième.

Tandis que j'avais dans la Creuse 13,500 voix, 24,000 suffrages m'étaient spontanément donnés à Paris, sans aucune démarche de ma part.

De 24,000 suffrages, le 23 avril, ce nombre s'éleva, le 8 juin, à 70,000 ; j'ai lieu de croire que si n'eussent été la fraude et l'intimidation exercées dans le dépouillement du scrutin, fraude et intimidation dont j'ai les

2

aveux écrits, mon nom fût sorti l'un des onze premiers de l'urne centrale de l'hôtel de ville.

Mais, s'il en eût été ainsi, l'inviolabilité attachée au titre de représentant du peuple m'eût protégé, et l'inexplicable attentat qui s'est consommé sur ma personne le 25 juin n'aurait pas pu s'accomplir.

J'en avais reçu l'avertissement, mais quand on ne redoute point ses ennemis, on se résout difficilement à s'en défier !

Me cacher m'eût paru une calomnie contre eux, une injure à mon temps, c'est-à-dire un anachronisme, une insulte surtout à l'Assemblée nationale.

Pourquoi me cacher ?

Mes paroles ne s'étaient-elles pas toutes vérifiées ?

Mes intentions n'étaient-elles pas droites ?

La liberté de la presse n'existait-elle pas, par delà même les limites de lois non encore abrogées, journellement, ouvertement violées avec la complicité du pouvoir ?

Et si j'excédais les limites invisibles de cette liberté indéterminée, la justice n'était-elle pas encore debout pour les faire respecter?

Ce que les républicains de vieille souche a-
vaient si véhémentement réprouvé, en juin
1832, lors de la mise de Paris en état de siége,
assurément, pensais-je, ils ne le tenteront pas
en juin 1848, alors qu'ils sont en présence
d'une assemblée de neuf cents représentants,
qui doivent leur mandat au suffrage universel!

Moi aussi je répétai ces paroles mémora-
bles (1) : « *Ils ne l'oseront pas !* »

Et comment ne serai-je pas tombé dans
cette illusion, quand le chef du pouvoir exécutif était le frère de Godefroi de Cavaignac,
qui en 1833 s'était exprimé ainsi : « Quoi, ce
« procès pour vous dans un temps où la société
« est en proie à un procès, par ma foi, bien
« autre ; quand elle plie jusque dans son axe ;
« quand on ne sait à quel orbite doit aboutir
« ce monde dérouté ; quoi! dans cette tempête
« qui gronde autour de vous, vous entendez
« le cri d'un journal!... »

Quand le maire de Paris était l'ancien rédac-

----

(1) Armand Carrel à la chambre des pairs: *Histoire de dix ans,*
par LOUIS BLANC, t. IV, p. 336.

teur en chef de la *Tribune*, M. Armand Marrast, qui avait prononcé ces paroles de bronze
marquées au millésime de 1833 : « Si c'est une
« guerre contre un seul journal, elle est pué-
« rile ; si c'est une guerre contre la presse,
« vous y périrez ! »

En d'autres circonstances moins graves que
celles où se trouvait Paris le 25 juin, j'eusse
suivi ce précepte : « Le mandat de dépôt sous
« prétexte de flagrant délit ne peut être décerné
« légalement contre les écrivains de la presse
« périodique, et tout écrivain pénétré de la
« dignité de citoyen opposera *la loi à l'illéga-*
« *lité, et la force à la force. C'est un devoir ;*
« *advienne que pourra !* (1) »

Ce fut le conseil que me donnèrent les tra-
vailleurs de la *Presse*, très-résolus à opposer la
force à la force, ce qui eût été une victoire sans
péril, si non un triomphe sans gloire, car ils
étaient en nombre très-supérieur aux agents
du commissaire de police chargé de procéder
à mon arrestation et de mettre les scellés sur
les presses du journal.

(1) Armand Carrel ; juin 1832. *Histoire de dix ans*. T. III,
p. 342.

Ce conseil, je refusai de le suivre.

A des calamités publiques je ne voulus pas mêler l'éclat d'une résistance individuelle.

D'ailleurs, je ne doutais pas qu'un échange d'explications soit avec le préfet de police, soit avec le magistrat compétent, ne fit tout de suite rapporter l'acte que je dus croire avoir été surpris au chef du pouvoir exécutif.

Le 29 mars, je le répète, n'avait-il pas suffi qu'on fit naitre un scrupule dans mon esprit, pour que de moi-même je me condamnasse à une réserve qui, depuis, m'a été reprochée par ceux-là même à qui j'en avais fait la concession !

Par ce fait ne donnais-je pas toute garantie, de mes sentiments d'abnégation et de patriotisme?

Le commissaire de police chargé de m'arrêter et qui apportait dans l'accomplissement de cet ordre une irréprochable urbanité n'en paraissait pas douter.

Arrivé à la préfecture de police, je demandai à parler à M. Trouvé-Chauvel.

La réponse qu'il me fit fut celle-ci :

« Tous les pouvoirs sont délégués à l'autorité « militaire; c'est par ses ordres que vous avez

2.

« été arrêté ; je ne puis moi-même qu'y déférer,
« et je ne saurais vous donner aucune autre
« explication. »

Il ne me restait plus qu'à m'incliner ; c'est
ce que je fis sans insister, après avoir écrit en
toute hâte cette seule ligne à ma femme :

« Ma chère amie ; je viens d'être arrêté et
« conduit à la préfecture de police ; demande
« une permission pour venir me voir.

« Dimanche, 25 juin, 4 heures du soir. »

Cette lettre lui a-t-elle été envoyée ? Je l'i-
gnore ; ce que je sais, c'est qu'elle est restée
sans effet. Toute permission aura été refusée.

Immédiatement après, je fus remis entre les
mains de M. Héloin, chef de la police munici-
pale, qui me fit conduire à la prison de la
Conciergerie.

Ce ne pouvait être, me dit-on, qu'une
mesure de sûreté de 24 heures ; je n'aurais
qu'à demander ce que je souhaiterais, on s'em-
presserait de me le faire donner.

Singulier rapprochement ! Je fus conduit

dans la geôle qu'avait laissée vacante, le 24 février, M. de Beauvallon, que son duel avec M. Dujarier a rendu tristement célèbre.

Ce fut seulement le lendemain, lundi 26, que j'appris que j'étais au secret.

De ce moment, je n'eus plus de doute sur l'endroit d'où le coup était parti.

Il était parti d'une boutique.

C'était le *National*, qui avait profité de la première circonstance favorable, pour mettre le comble à douze années de haines, de calomnies, de persécution ! L'impuissance est implacable.

J'en doutai encore moins, lorsque, vers cinq heures du même jour, mon gardien vint m'annoncer qu'on allait me changer de geôle, et me conduisit, en effet, dans un de ces cachots souterrains, humides, réservés aux plus noirs criminels ou aux détenus indomptables.

En ce moment, qu'il me soit permis de le dire, je fus content de moi : je me sentis réellement supérieur ; pas un mot de surprise, pas un mot d'indignation contre cet excès d'indignité, pas une réclamation, pas un murmure enfin n'échappèrent de ma bouche.

Et cependant, il m'arrive fréquemment en-core de souffrir cruellement de la blessure que m'a faite à la jambe la balle du 22 juillet 1836.

J'étais là depuis deux heures à lutter, par le mouvement de la marche, contre l'humidité mortelle de ce cachot, lorsque la porte s'ouvrit et lorsque entrèrent deux officiers d'état-major en uniforme, accompagnés d'un greffier.

J'appris que l'un de ces deux officiers était le capitaine Plée, qui me dit être chargé des fonctions de rapporteur près le deuxième con-seil de guerre de la Seine; il procéda à mon in-terrogatoire.

Cet interrogatoire, fort court, porta unique-ment sur quelques expressions de l'article qui avait paru en tête de la *Presse*, le dimanche 25 juin.

Dans cet article, je m'étais servi de ces ex-pressions :

« Nous voilà donc retombés sous le *despotisme du sabre*, « et, pour comble d'abaissement, réduits à considérer ce « despotisme comme un *bienfait!*

« Toutes les libertés sont suspendues! liberté indivi- « duelle et liberté de la presse! Un mot suffit mal inter- « prété ou mal imprimé pour vous exposer à être fusillé. « Paris est en état de siége !

« On se souvient à quelles attaques le gouvernement de
« Juillet fut en butte de la part du *National* pour avoir
« mis Paris en état de siége. Eh bien ! c'est à peine si le
« *National* règne et gouverne depuis quatre mois, voilà à
« quelle extrémité nous en sommes venus. »

Avais-je protesté contre l'état de siége voté
par l'Assemblée nationale? Non ; je m'étais
borné à un simple rapprochement.

Etait-ce donc ce simple rapprochement qui
avait motivé mon arrestation et la suppression
de la *Presse*? Au jour où j'écris ce journal dont
l'idée et le titre me viennent, je l'ignore encore.

Ce que je dois dire, c'est que le capitaine
rapporteur, qui venait de m'interroger, et l'officier qui l'accompagnait, me parurent au
moins étonnés de me trouver renfermé dans un
cachot qui ne devait assurément rien laisser
à désirer à celui d'Andryane et à la geôle où
Sylvio Pellico écrivit *Mei Prigioni*.

Spontanément, M. le capitaine d'état-major
Plée se rendit chez M. le préfet de police, et
peu d'instants après, je fus réintégré dans ma
précédente cellule. Les vitres en avaient été en-
collées et les fenêtres fermées avec un cade-
nas, bien qu'elles fussent défendues par d'épais

barreaux. Peu importait que je manquasse com-
plétement d'air! J'étais au secret; on exécu-
tait le règlement.

Je dois me hâter d'ajouter que directeur de
la prison et gardiens, loin d'aggraver les rigueurs du secret, ont fait, pour me les rendre
moins pénibles, tout ce qui était compatible
avec le scrupuleux accomplissement de leurs
devoirs.

Celui que quelques-uns de ses confrères ont
parfois appelé le Napoléon du journalisme, s'il
a trouvé dans le *National* un ennemi aussi vin-
dicatif que le Léopard britannique, n'a pas
rencontré d'Hudson Lowe.

Habitué à travailler quinze heures, à rece-
voir vingt personnes et quarante lettres par
jour, je laisse à penser si les trois premières
journées passées dans le désœuvrement le plus
absolu, sans livres, sans air, me parurent longs
à s'écouler !

Le quatrième jour, la préfecture de police,
qui, sans doute, n'avait pas cru pouvoir faire
parvenir à ma femme une demande de livres
parmi lesquels j'avais indiqué Montesquieu, et
l'*Histoire de dix ans*, par M. Louis Blanc, la

préfecture de police me fit remettre l'*Esprit des Lois.*

Le cinquième jour, je pus obtenir qu'on me donnât un peu d'air, air vicié par l'entassement de centaines de détenus dans une cour étroite, mais je n'obtins pas qu'on me confiât un rasoir le temps nécessaire pour me faire la barbe.

Le sixième jour, M. le capitaine rapporteur Plée autorisa l'envoi, à ma demeure, d'une note de livres que je reçus et qui sont venus abréger les heures de ma captivité préventive pour cause encore inconnue.

Ce même jour, vendredi 30 juin, j'avais assisté à l'ouverture de deux paquets renfermant 150 lettres arrêtées à la poste et adressées sous ficelles et cachets à M. le capitaine rapporteur Plée.

Toutes étaient relatives à des demandes d'abonnements adressées à M. Rouy, à l'exception de cinq sans intérêt applicable à ma détention.

L'une, de M. Legrand-Boulogne, médecin de la Miséricorde à Alger, ami enthousiaste, dévoué jusqu'à donner, sans hésiter, sa vie pour sauver la mienne, quoique nous ne nous soyons jamais vus, était relative aux élections d'Alger;

L'autre, de M. Ducos, était relative aux élections de Bordeaux;

Deux contenaient des observations sur le projet de constitution;

La cinquième apportait des nouvelles de Florence.

Pourquoi ouvrir mes lettres?

Ne serait-ce donc pas seulement à raison des termes de l'article de la *Presse* que j'aurais été incarcéré?

Serais-je soupçonné de quelque machination?

Je le demandai au capitaine rapporteur.

Il l'ignorait et ne put me répondre.

Bien que l'ouverture de ma correspondance n'eût mis sur la voie d'aucun indice même le plus vague, bien que déjà six jours se fussent écoulés depuis mon arrestation, la journée du samedi s'écoula encore sans que je visse venir aucun ordre de me rendre à la liberté, aucun ordre de lever le secret, cette aggravation de la captivité, si cruelle dans un moment où les

événements du dehors avaient un si grand·et
si douloureux intérêt !

Tous ces insurgés, qui se ruent sous ma fenêtre, entassés dans cette cour étroite, tous ces
insurgés arrêtés les armes à la main, tous ces
insurgés parmi lesquels sont, dit-on, un grand
nombre de repris de justice, peuvent se procu-
rer du tabac, et moi, c'est en vain que je demande un journal !

Pourquoi cette rigueur inutile ?

L'habitude contractée de lire un journal,
que dis-je, un journal ? vingt journaux tous les
matins, a-t-elle donc droit à moins d'égards
que l'habitude de fumer ou de priser ?

Enfermé, comme je le suis, barreaux devant,
triples grilles derrière, serrure à double pène,
où serait donc le danger que je lusse un journal, que je susse où en est enfin mon malheureux pays, poussé comme à dessein par l'incapacité présomptueuse à la guerre civile, et
plongé comme à plaisir dans la ruine, la douleur et l'avilissement ?

La restauration traita-t-elle aussi durement
Béranger et de Jouy ? la révolution de 1830
traita-t-elle aussi rigoureusement Château-

5

briand, Lamennais et les écrivains de la *Tribune* et du *National*, que, de leur propre aveu, M. Gisquet laissait sortir le soir sur la foi de leur parole (1) ?

C'est ici le lieu de dire qu'arrêté le dimanche 25 juin, vers trois heures, je m'étais empressé d'écrire au général de Cavaignac, chef du pouvoir exécutif, une lettre dont je n'eus pas le temps de garder copie, mais dont voici, autant que je puis me les rappeler, à peu près les termes :

« Général,

« J'ai été arrêté aujourd'hui à quatre heures aux bu-
« reaux de la *Presse* et conduit à la Conciergerie.

« Pourquoi ? Je l'ignore et ne puis l'imaginer. Mais, quel
« que soit le motif, je vous demande à être prisonnier sur
« parole. Ma parole vaut tous les verrous d'une prison.

« J'offre, d'ailleurs, conformément à la loi, de fournir toute
« caution qui me serait demandée.

« Je ne pense pas que vous soyez l'homme des rigueurs
« inutiles.

« Salut et *fraternité*.

« E. DE GIRARDIN. »

(1) « M. Gisquet lui-même, quoique préfet de police, n'était pas sans adoucir, quand l'occasion s'en présentait, le sort des détenus. Ceux d'entre eux qui avaient besoin pour des affaires urgentes de

Le soir même, je recevais la réponse suivante :

« Citoyen,

« Les ordres qui vous ont atteint aujourd'hui n'attei-
« gnent pas peut-être votre pensée ; la justice seule en
« peut décider, mais elle atteint certainement vos *impru-*
« *dentes publications* ; elles perdraient la République, la
« nation, la société européenne tout entière.

« La confiance de l'Assemblée m'a chargé d'une respon-
« sabilité que je veux justifier. A la hauteur où ces scènes
« cruelles m'ont placé, où je ne désirais pas m'élever, où
« je ne désire pas rester, les passions ne peuvent atteindre.
« Rassurez-vous donc, vous n'avez rien à craindre de moi.
« Je vous laisse apprécier ce que la justice du pays pourra
« vous devoir.

« Le chef du pouvoir exécutif :

« Général Cavaignac. »

Nouvelle lettre de moi, le lendemain, lundi,
au général de Cavaignac, dans laquelle j'offrais

quelques heures de liberté, obtinrent de lui plus d'une fois la
permission de sortir sans escorte. »

(*Histoire de dix ans.* T. IV, p. 329.)

« ... Pour désarmer la défiance du directeur on lui adresse plusieurs demandes qui supposent la prolongation du séjour des prisonniers à Sainte-Pélagie, *et M. Armand Marrast, qui avait
coutume de prendre un bain chaque soir, commande son bain pour
dix heures comme à l'ordinaire...* » (*Idem.* T. IV, p. 422.)

de m'engager, si j'étais constitué prisonnier chez moi sur parole, à ne pas imprimer une seule ligne que l'état de siége ne fût levé et qu'un jugement, s'il y avait lieu, ne fût intervenu. — Point de réponse.

Lettre écrite dans le même sens à M. le préfet de police. — Point de réponse.

Lettre écrite dans le même sens à M. le procureur général, en conséquence de la lettre ci-dessus du général de Cavaignac où se trouvent ces mots : « *La* JUSTICE *seule en peut décider.* »

A chacune de ces deux lettres, adressées par moi à M. le préfet de police et à M. le procureur général, j'avais eu le soin de joindre copie de la réponse du général de Cavaignac.

Je reçus de M. le procureur général, le 28 juin, la lettre qui suit :

« Monsieur,

« L'état de siége a dessaisi la justice régulière. C'est l'au-
« torité militaire qui seule dirige l'instruction des affaires
« *qui se rapportent dans sa pensée aux attentats de ces der-*
« *niers jours.* Les officiers de police judiciaire placés sous
« mes ordres ne sont que les auxiliaires par délégation
« spéciale de l'autorité militaire.

« Il m'est donc impossible, monsieur, de prendre à votre
« égard, et pour l'adoucissement d'une position que j'ap-
« précie comme très-pénible, les mesures que vous parais-
« sez attendre de moi. Comptez seulement sur mon inter-
« vention officieuse pour obtenir que tous les droits de
« l'humanité et même les égards dus à l'écrivain et à
« l'homme politique soient respectés en ce qui vous con-
« cerne. A cet effet, je communique votre lettre aux offi-
« ciers d'état-major directement chargés de l'instruction.

« Agréez, monsieur, l'assurance de mes sentiments dis-
« tingués.

« Le procureur général :

« H. CORNE. »

Ainsi, M. le général de Cavaignac me renvoyait à la justice, et la justice me renvoyait à
M. le général de Cavaignac!

Trois jours s'étant de nouveau écoulés dans
l'ignorance la plus absolue des motifs ou des
prétextes qui m'avaient valu l'honneur d'être
traité en prisonnier d'État, j'écrivis de nouveau, le samedi 1er juillet, trois lettres :

L'une à M. le général de Cavaignac;

La deuxième à M. le procureur général;

La troisième à M. le préfet de police.

Voici d'abord celle que j'adressai à M. le
général de Cavaignac :

3.

« *A M. le général de Cavaignac , chef du pouvoir exécutif.*

« Samedi 1er juillet 1848.
« Prison de la Conciergerie, 7e jour.

« Général,

« Si tous les gouvernements, quelle que soit la diversité
« de leurs noms, ne se ressemblaient pas, il est à croire
« qu'ils se succéderaient moins rapidement!

« Voilà sept jours que j'ai été arrêté!

« Voilà sept jours que je suis au secret!.. quand les in-
« surgés pris les armes à la main n'y sont pas.

« Pourquoi? — Je l'ignore; car, contrairement aux
« termes si formels du Code d'instruction criminelle (art.
« 615), on ne m'a fait connaître :

« Ni le motif de mon arrestation ;

« Ni la loi en exécution de laquelle elle a été ordonnée ;

« On ne m'a notifié aucun acte.

« Contrairement à l'art. 53 de la Charte de 1830, qui
« existe et doit me couvrir tant qu'elle n'aura pas été
« abrogée par la constitution projetée, j'ai été distrait de
« mes juges naturels ;

« Contrairement à l'art. 8, qui déclare inviolables toutes
« les propriétés, le journal *la Presse*, qui représente une
« propriété d'une valeur de 1,500,000 francs au moins, a
« été supprimé, sans jugement, sans condamnation, sans
« égard aucun pour les droits des tiers ;

« Toute ma correspondance, arrêtée à la poste, a été
« saisie, ouverte ;

« Elle n'a pas mis sur la trace de l'indice même le plus
« vague ;

« J'appelle toutes les investigations ;

« Je défie toutes les dénonciations ;

« On ne trouvera rien qui m'accuse, parce que rien
« n'existe.

« Général, le jour où vous avez été nommé chef du pou-
« voir exécutif, l'histoire vous a ouvert son livre et y a ins-
« crit votre nom.

« Comment la seule pensée du jugement de la postérité
« n'a-t-elle pas arrêté votre main, avant qu'elle signât, se
« faisant l'instrument d'une vieille rancune et d'une lâche
« vengeance du *National*, la suppression de la *Presse* et
« l'ordre de mon arrestation ?

« Ce sont deux actes que l'histoire enregistrera et dont
« elle vous demandera compte !

« Mes *publications*, selon l'expression de votre lettre du
« 25 juin, eussent-elles été *imprudentes*, que cette impru-
« dence admise ne suffirait pas pour justifier la rigueur
« tout exceptionnelle des mesures dont je suis l'objet.

« Je dis exceptionnelle, car en même temps paraissaient,
« dans d'autres journaux *sans cautionnement*, des articles
« qui eussent été plus justement qualifiés ainsi.

« Si l'incapacité de ceux qui ont usurpé le pouvoir au
« 24 février a amené, ce qui était facile à prévoir, la guerre
« civile qui a désolé Paris et déshonoré la France, est-ce
« ma faute, et la sanglante responsabilité de leur souve-
« raine incapacité doit-elle retomber sur moi ?

« Ne les ai-je pas avertis à temps et assez souvent ?

« Général, je continue de protester, mais j'ai cessé de me
« plaindre, car la place que vous m'avez faite à côté de
« vous devant l'historien qui nous jugera ne me laissera
« rien à envier à la vôtre !

« Le seul but de cette lettre est de vous envoyer les ex-

« traits suivants, fruits de mes lectures au fond de ma
« geôle.

    « Salut et *fraternité.*

          « E. DE GIRARDIN. »

*Citations extraites de l'*HISTOIRE DE DIX ANS.

1831.

« Prenez le pouvoir si vous voulez, mais sachez que, dès ce
moment, vous tombez sous l'empire de la publicité, vous, votre
présent, votre passé, tous vos actes connus, tous vos actes même
projetés.... Et honte à l'écrivain timide qui déserte ses devoirs
parce qu'un danger s'y attache.

      ARMAND MARRAST. *Procès Casimir Perrier.* »
    (*Histoire de dix ans.* T. II, p. 417.)

1832.

« Un tel régime ne s'appellera pas de notre consentement la
liberté de la presse.... Le mandat de dépôt sous prétexte de
flagrant délit ne peut être décerné légalement contre les écrivains
de la presse périodique, et tout écrivain pénétré de sa dignité de
citoyen opposera la loi à l'illégalité et la force à la force. C'est un
devoir; advienne que pourra.

        Signé : ARMAND CARREL. »
    (*Histoire de dix ans.* T. III, p. 150.)

6 JUIN. — ÉTAT DE SIÉGE.

« Un mandat d'arrêt avait été lancé contre le rédacteur en chef
du *National,* Armand Carrel ; plusieurs journaux furent saisis ; le
domicile des citoyens les plus honorables fut brutalement violé ;
les arrestations devinrent si nombreuses que pour transporter les
prisonniers on dut mettre les voitures publiques en réquisition.
Et de quelle couleur peindre l'aspect hideux que présentèrent

durant ces heures consacrées à la vengeance les cours de la préfecture de police! » (*Histoire de dix ans.* T. III, p. 312.)

1833.

PROCÈS D'AVRIL.

« Quoi! ce procès pour vous dans un temps où la société est « en proie à un procès, par ma foi, bien autre ; quand elle plie « jusque dans son axe ; quand on ne sait à quel orbite doit aboutir « ce monde dérouté! Quoi, dans cette tempête qui gronde autour « de vous, vous entendez le cri d'un journal !

« Non, vous ne nous ferez pas croire que votre colère contre « nous soit l'unique mobile de ce procès.... Vous êtes dans une « mauvaise voie ! »   GODEFROI CAVAIGNAC. (T. IV, p. 69.)

« Si c'est une guerre contre un journal seul, elle est puérile ; si c'est une guerre contre la presse, vous y périrez. »
       ARMAND MARRAST. (T. IV, p. 70.)

1834.

« Quand on nous montrait les archives de police, le grimoire procédurier des vieux parlements, les décrets du comité de salut public et d'inquisition impériale... quand on nous disait : Il y a dans cette montagne de paperasses de quoi étouffer toutes les libertés du genre humain, tous les droits de la pensée, toutes les généreuses inspirations du cœur, nous n'avions qu'une réponse, réponse juste d'abord, mais devenue triviale, à force d'avoir été démentie par les faits; nous disions : Ils n'oseront pas !

« Ils ont osé !...

« *C'est ainsi que nous avons vu l'état de siége dans Paris, les écrivains politiques livrés à la juridiction des sergents d'infanterie,* la liberté individuelle adjugée aux caprices du dernier des agents de la force publique, la sainteté du domicile violée... le secret des correspondances devenu la matière première du requisitoire... C'est ainsi que nous nous sommes vus nous-mêmes dépouillés de nos droits d'écrivains et de citoyens, frappés dans notre liberté et dans notre fortune pour avoir voulu conserver l'existence du journal d'où partit le premier appel en faveur de la dynastie d'Orléans... (J'en demande pardon pour mon compte à la liberté et à mon pays.) »

ARMAND CARREL. A la Chambre des pairs. (T. IV, p. 336.)

1835.

ATTENTAT FIESCHI.

« Qui le croirait?... Armand Carrel se vit enveloppé dans une persécution ayant pour but ou pour prétexte la recherche des complices d'un assassin ? »

(*Histoire de dix ans*, par LOUIS BLANC. T. IV, p. 447.)

Voici maintenant la lettre que je fis remettre à M. Corne, représentant du peuple, procureur général :

« Samedi 1ᵉʳ juillet 1848.
« Prison de la Conciergerie, 7ᵉ jour.

« Citoyen ,

« La mise de Paris en état de siége n'a pas, ne peut pas
« avoir eu pour effet de renverser d'un coup le monument
« tout entier de nos lois.
« Voilà sept jours que je suis arrêté !
« Voilà sept jours que je suis au secret !
« J'ai été arrêté contrairement à l'art. 615 du Code d'in-
« struction criminelle; car on ne m'a fait connaître ni le
« motif de mon arrestation, ni la loi en exécution de la-
« quelle elle a été ordonnée.

« On ne m'a notifié aucun acte.

« J'ai été interrogé.

« Mon interrogatoire a exclusivement porté sur quelques
« mots du premier article inséré dans la *Presse* du diman-
« che 25 juin.

« Tant qu'une nouvelle constitution n'a pas été votée et
« promulguée, la Charte de 1830 existe et doit me cou-
« vrir.

« Cet interrogatoire a eu lieu contrairement à l'art. 53 de
« la Charte.

« L'art. 8 dit que toutes les propriétés sont inviolables ;
« nonobstant cet article, le journal la *Presse*, qui repré-
« sente une propriété d'une valeur de 1,500,000 francs au
« moins, a été SUPPRIMÉ, sans jugement, sans condam-
« nation !

« Toute ma correspondance, arrêtée à la Poste, a été
« saisie et ouverte.

« Elle n'a mis sur la trace d'aucun indice, même le plus
« vague.

« J'appelle toutes les investigations.

« Je défie toutes les dénonciations.

« On ne trouvera rien qui m'accuse, parce que rien
« n'existe !

« Ce n'est pas au procureur général que s'adresse cette
« lettre, c'est au citoyen, c'est au représentant du peuple,
« c'est à l'ancien député de l'opposition qui ne saurait res-
« ter indifférent à l'excès inqualifiable de pouvoir que je lui
« signale ; et dès qu'il vous est signalé, il est impossible
« que vous ne considériez pas comme un devoir public
« d'en faire cesser les effets monstrueux, soit par une dé-
« marche officieuse près du pouvoir exécutif, soit par une
« interpellation à la tribune de l'Assemblée nationale.

« Qu'est-ce donc que le sentiment de la liberté, si ce
« n'est pas avant tout la haine de l'arbitraire?

« Salut et *fraternité.*

« E. DE GIRARDIN. »

Dans la lettre adressée à M. le préfet de
police, je me bornais à insister pour qu'il me
fît connaître, conformément au vœu impérieux
de la loi :

Le motif de mon arrestation ;

La loi en exécution de laquelle elle a été
ordonnée.

M. le capitaine rapporteur Plée vient d'entrer ; il est assisté d'un greffier chargé d'un ballot de lettres.

Ces lettres sont au nombre de 554.

Elles sont ouvertes devant moi ; toutes sont relatives à des demandes d'abonnements ou de renouvellements à la *Presse*, à l'exception de deux :

L'une timbrée de Moissac (Tarn-et-Garonne), signée *Timon, gascon*, et contenant des prédictions burlesques favorables au retour du régime monarchique ;

L'autre venant du Morbihan, et relative à la prochaine élection de Bordeaux ; elle m'est écrite par un de mes anciens collègues, M. de Sivry, ex-député de Ploërmel.

Procès-verbal est dressé ; je demande et j'obtiens qu'il y soit fait mention de la lettre qui suit, protestation réitérée sur laquelle j'insiste pour qu'il soit enfin statué :

4

« *A Monsieur le capitaine rapporteur Plée.*

« Dimanche 2 juillet.
« Prison de la Conciergerie, 8ᵉ jour.

« Capitaine,

« Je viens vous prier de transmettre à qui de droit la pro-
« testation et les observations suivantes :

« J'ai été arrêté aux bureaux de la *Presse* le dimanche
« 25 juin.

« Arrêté, j'ai immédiatement demandé à être conduit
« devant M. le préfet de police ou devant le magistrat com-
« pétent.

« M. le préfet de police m'a répondu que j'étais arrêté en
« vertu d'un ordre émané du chef du pouvoir exécutif, et
« qu'il ne pouvait me donner aucune autre explication.

« Écroué à la prison de la Conciergerie, je me suis em-
« pressé d'écrire à M. le général Cavaignac, qui m'a répon-
« du le soir même (dimanche 25 juin) :

« *Les ordres qui vous ont atteint aujourd'hui n'atteignent pas*
« *peut-être votre pensée, la* JUSTICE *seule en peut décider, mais*
« *elle atteint certainement vos* IMPRUDENTES *publications.* »

« Le lundi 26 juin vous êtes venu m'interroger.

« Mon interrogatoire, vous le savez, a porté exclusive-
« ment sur quelques expressions de l'article signé de mon
« nom et inséré dans la *Presse* du dimanche 25 juin.

« Pourquoi ai-je été arrêté? — Mis au secret depuis huit
« jours? Je l'ignore.

« J'ai vainement demandé que, conformément à l'art. 615
« du Code d'instruction criminelle, on me fît connaître :

« Le motif de mon arrestation ;

« La loi en exécution de laquelle elle a été ordonnée.

« D'après les termes de la réponse de M. le général Ca-
« vaignac, d'après la nature des questions qui ont fait l'ob-
« jet de mon interrogatoire, je dois supposer que j'ai été
« arrêté à raison de *publications* taxées d'*imprudentes* ;
« dans ce cas, je demande formellement, et sans préjudice
« des garanties stipulées par les art. 8 et 53 de la Charte
« de 1830, à jouir du bénéfice qui m'est assuré par l'art. 20
« de la loi du 26 mai 1819 ainsi conçu :

« Toute personne inculpée d'un délit commis par la voie de la
« presse ou par tout autre moyen de publication contre laquelle
« il aura été décerné un mandat de dépôt ou d'arrêt obtiendra sa
« mise en liberté provisoire moyennant caution. »

« N'aurais-je pas été arrêté seulement à raison de me
« *publications imprudentes* (lettre du général Cavaignac)
« Aurais-je été l'objet d'une dénonciation? Alors je rappel-
« lerai ces termes formels de l'art. 40 du Code d'instruc-
« tion criminelle :

« La dénonciation seule ne constitue pas une dénonciation suf-
« fisante pour décerner cette ordonnance (mandat d'amener) contre
« une personne ayant domicile. »

« Ma correspondance, saisie à la poste, a été ouverte
« par vous, capitaine ; qu'y avez-vous trouvé?

« Je le répète :

« Je ne redoute aucune investigation ;

« Je défie toute dénonciation.

« C'est donc hautement que je proteste de nouveau con-
« tre la mesure inqualifiable qui m'a frappé dans mon hon-
« neur, dans ma liberté, dans ma fortune, dans mes affec-

« tions, et qui, pour comble de rigueur, me retient au
« secret depuis huit jours.

« L'article 114 du Code pénal est formel; il est ainsi
« conçu :

« Lorsqu'un fonctionnaire public, un agent ou un préposé du
« gouvernement aura ordonné ou fait quelque acte arbitraire, ou
« attentatoire soit à la liberté individuelle soit aux droits civiques
« d'un ou de plusieurs citoyens... il sera condamné à la peine de
« la dégradation civique. »

« Article 115 :

« Si c'est un ministre qui a ordonné... il sera puni du bannis-
« sement. »

« Article 116 :

« Si les ministres... prétendent que la signature à eux imputée
« leur a été surprise, ils seront tenus, en faisant casser l'acte, de
« dénoncer celui qu'ils déclareront auteur de la surprise, sinon
« ils seront poursuivis personnellement. »

« Article 117 :

« Les dommages-intérêts qui pourraient être prononcés à raison
« des attentats exprimés dans l'article 114 seront demandés soit
« par la poursuite criminelle, soit par la voie civile... »

« Je borne là mes citations; celles-ci doivent suffire.
« L'état de siège, qui a fait revivre les lois sur la presse
« non formellement abrogées (1), n'a pu abolir l'article 20 de
« la loi du 26 mai 1819 que j'invoque en vain depuis huit
« jours !

(1) Voir le *Moniteur* du dimanche 25 juin 1848.

« L'état de siége n'a pu d'un coup renverser de fond en
« comble constitution, codes, lois.

« L'état de siége, enfin, ne saurait avoir plus de droits
« en juin 1848, sous la République, qu'en juin 1832 sous la
« monarchie.

« Je me résume, et je demande donc de la manière la
« plus formelle ma mise en liberté provisoire moyennant
« caution aux termes de l'article 20 de la loi du 26 mai 1819.

« Recevez, capitaine la nouvelle assurance de mes sen-
« timents les plus distingués.

« E. DE GIRARDIN. »

J'ai épuisé toutes les formes pacifiques de
protestations; mon devoir est rempli. Le sur-
plus ne me regarde pas.

———

Que se passe-t-il au dehors? L'ordre est-il
rétabli? Qui gouverne? La France, enfin, est-
elle gouvernée? A-t-elle trouvé ce juste équi-
libre entre l'arbitraire et l'anarchie qui est
l'autorité? — Je l'ignore. Comment le sau-
rais-je?

Aucun journal ne me parvient; deux lettres
seulement m'ont été remises : — un billet de

4.

ma femme où elle n'ose me rien dire afin de
ne fournir aucun motif de le retenir, et une
lettre timbrée de Soissons, 27 juin, signée
d'un nom illisible et d'une écriture qui m'est
inconnue :

Elle m'est adressée :

A M. EMILE DE GIRARDIN,

En prison à la Conciergerie. — Paris.

Elle est ainsi conçue :

« Mon cher ami,

« Sans vous connaître, je suis votre ami, et je vous re-
« mercie d'avoir écrit ce que vous avez écrit.

« Arrêté !

« Je vous pleure.

« Pourtant ayez courage.

« Votre ami,

« ...... » (Signature illisible.)

Je dois croire cependant que l'ordre, ou du
moins ce qu'on se plait à nommer ainsi, commence à se rétablir dans la cité, car la masse
compacte des détenus a considérablement dé-
cru depuis hier ; le nombre de ceux qui ar-
rivent est loin d'être égal au nombre de ceux
qui sont partis.

A peine s'il m'est permis de jeter à la déro-
bée un regard furtif au fond de ce puits, qui
s'appelle une cour, au fond de cette cour qui
s'appelle la *Fosse aux Lions*; mais si je ne puis
regarder, je puis écouter, et je ne voudrais pas
écouter, que je serais bien forcé d'entendre. Quel
bruit ! — C'est le bruit, ce sont les accents ta-
pageurs, les cris aigus, les sarcasmes grossiers,
les surnoms moqueurs de la foule qui se presse
à l'entrée et à la sortie des petits théâtres de
mélodrame.

Le plupart des détenus sont en blouse et en
veste ; quelques-uns portent l'uniforme de garde
national ; beaucoup ont des képis.

Parmi ces détenus se trouve un grand
nombre de repris de justice ; ce qui explique
pourquoi si peu répondent à l'appel réitéré de
leurs noms.

Voilà donc ces héros des barricades que re-
crutent les partis, que soldent les factions, et
qui décident du sort d'un trône, du triomphe
d'une cause, de l'issue d'une révolution !

Rien dans l'attitude, rien dans le langage de
tous ces hommes et de ces enfants arrêtés une
arme à la main, car il y a des enfants mêlés

à des repris de justice, rien ne trahit l'abattement du revers, la crainte d'une condamnation.

Ils paraissent gais, insouciants, bruyants comme des écoliers à l'heure de la récréation, comme une bande de maçons à l'heure du repas.

Ainsi, voilà à quoi servent les prisons ! Elles n'intimident pas, elles resserrent les liens de la complicité ; elles ne répriment pas, elles pervertissent.

J'avais donc bien raison de dire et de répéter que notre régime pénal, déjà successivement amélioré, attendait le complément d'une réforme dont l'une des conséquences serait la suppression des prisons. (Voir la *Presse* du 4 mars 1848 et, à la fin de cette narration, l'esquisse de cette réforme.)

Alors, en mars dernier, j'étais loin de prévoir que les événements m'ouvriraient la porte de la loge grillée d'où j'observe de si près un si grand nombre de détenus.

Je me demande :

Comment jugera-t-on tant d'accusés ?

Comment et à quelle peine les condamnera-t-on ?

Les crimes tendant à troubler l'État par la guerre civile, l'illégal emploi de la force armée, la dévastation et le pillage publics sont punis de mort.

Mais la peine de mort en matière politique a été abolie. Il n'existe pas de lieu de déportation fixé par la loi. A défaut de lieu de déportation, le condamné subit à perpétuité la peine de la détention.

Vu la multitude des accusés, forcément la détention ne pourra être que très-limitée quant au temps, et fort circonscrite quant au nombre.

Comment sortir d'une si difficile épreuve quatre mois après une révolution décrétée d'héroïque? — En séparant avec soin les repris de justice des insurgés égarés par les vaines promesses, les pompeuses proclamations, les imprudents décrets de l'Hôtel-de-Ville, les ineffaçables enseignements du Luxembourg.

Point de pitié pour les premiers, mais pour les autres, amnistie, à l'exception de ceux des insurgés qui dans le combat se seraient rendus coupables des actes d'atrocité que les journaux ont rapportés, si malheureusement pour l'honneur de notre pays et de notre siècle ces actes d'atrocité ont été effectivement commis.

Mais que cette amnistie soit le point de départ de l'adoption de moyens de gouvernement nouveaux, plus conformes aux saines idées de liberté, d'égalité, de fraternité!

Il y a deux libertés incompatibles entre elles :

La liberté qui donne à tout citoyen le droit de s'armer en qualité de garde national ;

La liberté qui donne à tout citoyen le droit d'exprimer, d'imprimer, de publier sa pensée, son opinion.

Il faut choisir entre la liberté de la plume ou la liberté du fusil, la liberté du canif ou la liberté du sabre, le sang ou l'encre.

Voilà ce que je n'ai cessé de dire, de répéter sous toutes les formes.

Avais-je tort?

La République n'existe en France que depuis quatre mois, et déjà elle a dû mettre Paris en état de siége et marquer au fer chaud de la dictature l'épaule de la Liberté; déjà la République a dû emprunter à la royauté de 1830 ses moyens et ses exemples!

Il n'y a plus à hésiter :

Il faut faire rentrer dans les arsenaux et les magasins de l'État toutes les armes qui ne sont pas entre les mains de l'armée, de la gendarmerie, des gardes-champêtres, gardes forestiers, et douaniers;

Il faut prohiber, sous les peines les plus sévères, le port de toute arme, de quelque nature qu'elle soit ;

Il faut exproprier et indemniser les armuriers et faire fermer toutes leurs boutiques et tous les tirs;

L'Etat, désormais, doit seul avoir le monopole de la fabrication des armes comme il a déjà le monopole de la fabrication des poudres ;

La délivrance des ports d'armes, dans la saison des chasses, cette délivrance, soumise à des formalités rigoureuses, peut devenir, sans inconvénient, l'objet d'un impôt très-élevé;

Mais ce qu'il faut surtout écarter comme un danger public, c'est le mode de recrutement de l'armée proposé par la commission de la Constitution. Ce mode réduisant à deux années la durée du service militaire, augmentant considérablement ainsi le chiffre des contingents, abolissant le remplacement, appelant à passer sous les drapeaux à peu près tous les hommes robustes, loin de faire perdre à la nation française, et particulièrement au peuple de Paris, ses inclinations belliqueuses, son amour de la poudre à canon, son mépris de la mort ne fera que les développer inconsidérément en lui.

On voudrait, en vérité, rendre la France ingouvernable qu'on ne s'y prendrait pas autrement. Les faits l'attestent. Eh bien! leur parole écrite en caractères de sang n'a pas plus le don de la persuasion que le langage de la raison. O mes barreaux! vous résumez toute l'histoire du passé.

La force! toujours la force! la force vaincue par la force au lieu de la force désarmée par l'intelligence!

Lundi, 3 juillet 1848.

Ma détention se prolonge... Je continue d'être au secret; c'est le neuvième jour... Neuf jours au secret sans qu'on m'ait encore fait connaître le motif de mon arrestation, et sans

que je puisse le deviner. Suis-je en 1848, ou
en 1748? Suis-je en France ou en Autriche?
Où serais-je donc un de ces citoyens auxquels
la république d'Athènes réservait les rigoureux honneurs de l'ostracisme?... O mes
ennemis! plus d'une fois je vous ai appelés
mes amis, voudriez-vous donc me forcer à vous
nommer mes flatteurs!

Mardi, 4 juillet 1818.

Il est deux heures!... Déjà!... le temps m'a
paru court; c'est que je l'ai passé en compagnie
d'un homme selon mon cœur, selon mon esprit, d'un homme de bien, d'un maître, d'un
confident, d'un ami; dois-je le nommer?.. Silence! Ici les murs ont des oreilles et au centre
de ma porte est un œil de verre par lequel du
dehors on peut regarder tout ce qui se passe au
dedans. Le *directeur de la Maison* (expression
consacrée), ce qui veut dire le directeur de la
prison de la Conciergerie n'est pas un fonctionnaire inamovible! Si le *brigadier*, ancien mili-

5

taire, dont le regard reflète l'honneur, allait
être destitué ! Si le *gardien*, digne geôlier qui
ne m'a pas perdu de vue un quart de seconde
(j'aime les hommes qui ont la religion du
devoir), était père de famille et allait perdre
sa place, enviée peut-être par le frère d'une
récente Excellence ! Si l'homme de service
qui l'assiste, qui fait mon lit et qui balaye
ma geôle, condamné à deux années de prison pour homicide à la suite d'une rixe, allait être transféré dans une maison centrale !...
Mais pourquoi tairais-je le nom de cet ami ? Il n'y
a pas à craindre qu'il compromette qui que ce
soit, et que les républicains de la veille le fas-
sent incarcérer et le traduisent devant un conseil
de guerre pour cause de complicité, de conni-
vence, de machination, de conspiration, de
complot, que sais-je ? Il n'est pas plus coupable que moi, je ne suis pas plus coupable que
lui. Je puis donc le nommer en toute sécurité,
et je le puis d'autant mieux qu'il est mort le
20 mars 1781. Il s'appelait Turgot ! Louis XVI
avait dit de lui : « *Il n'y a que M. Turgot et*
« *moi qui aimions le peuple.* » Ce qui n'empêcha
pas Louis XVI, après avoir déjà congédié M. de

Malesherbes, de sacrifier Turgot à une indigne intrigue.

Appelé, le 24 août 1774, à remplacer l'abbé Terray, les trois premiers mots de sa lettre, datée de Compiègne, furent ceux-ci :

« Point de banqueroute ;
« Point d'augmentation d'impôts ;
« Point d'emprunts.
« .... Pour remplir ces trois points, il n'y a qu'un moyen,
« c'est de réduire la dépense au-dessous de la recette, et
« assez au-dessous pour pouvoir économiser chaque année
« une vingtaine de millions, afin de rembourser les dettes
« anciennes. Sans cela, le premier coup de canon forcerait
« l'État à la banqueroute. »

Sa devise se composait de ces trois mots :

« Ordre, Liberté, Progrès. »

Il les définissait ainsi :

« L'Ordre, c'est la justice dont l'homme trouve les lois
« gravées au fond de sa conscience ;
« La Liberté, c'est le droit de faire tout ce qui n'est pas
contraire au droit d'autrui ;
« Le Progrès, c'est le développement graduel de la puis-
« sance de l'homme sur la matière ; c'est surtout le déve-
« loppement de sa moralité. »

Lui, aussi, voulait que le peuple fût instruit !

« Il faut, disait-il, une instruction publique répandue
« partout, une éducation pour le peuple qui lui apprenne
« la probité, qui lui mette sous les yeux un abrégé de ses
« devoirs sous une forme claire et dont les applications
« soient faciles. »

Lui, aussi, était opposé au service militaire
par voie de tirage annuel !

« Le royaume (Lettre au ministre de la guerre) a besoin
« de défenseurs sans doute ; mais s'il y a un moyen d'en
« avoir le même nombre et de les avoir meilleurs, sans
« forcer personne, pourquoi s'y refuser ? »

Lui, aussi, avait pour le peuple d'ardentes
sympathies, qu'il exprimait ainsi :

« Le soulagement des hommes qui souffrent est le devoir
« de tous et l'affaire de tous. »

Nommé contrôleur général des finances, que
fait Turgot ?
Il commence par montrer que l'économie
n'est pas mois commandée par la politique que
par le devoir moral de soulager le peuple ; que
sans elle l'État ne cesse pas d'être dans la dé-
pendance des hommes d'argent ; qu'il est impossible de se livrer à aucune amélioration du
régime intérieur de la société ; que l'intrigue et

la malveillance continuent d'exploiter le mécontentement public à leur profit, et qu'il n'y aura jamais pour l'autorité, ni calme au dedans, ni considération au dehors ;

Il conçoit le projet d'un cadastre général des terres, destiné à servir de base au remplacement des contributions indirectes, des droits féodaux et des douanes par l'établissement d'un impôt unique ;

Il médite la réforme « du système d'éduca« tion en vigueur, qui ne tend qu'à former des « savants, des gens d'esprit et de goût ; — ceux « qui ne sauraient parvenir à ce terme restent « abandonnés et ne sont rien ;... »

Il anéantit ainsi la *division par ordres* ;

Il rend libre à l'intérieur le mouvement des grains ;

Il donne l'exemple du plus pur désintéressement en refusant le présent annuel de 500,000 livres dont il était alors d'usage que les fermiers généraux gratifiassent le contrôleur général ;

Il abolit les *contraintes solidaires*, qui pesaient durement sur les campagnes ;

Il suspend le droit des villes sur les grains,

et ordonne le remboursement de certains offices, se proposant constamment pour but d'abaisser le prix de la denrée qui joue le plus grand rôle dans la nourriture du peuple ;

Il révoque l'étrange privilége dont jouissait l'Hôtel-Dieu, qui consistait dans le droit exclusif de vendre de la viande dans la capitale pendant le carême ;

Il consacre à l'amélioration des routes et de la navigation intérieure tous les fonds dont la situation des finances permet de disposer ;

Il fait passer à l'Etat, des mains du fermier général des postes et des divers sous-entrepreneurs de voitures passagères, le monopole des transports et de la circulation. A cette époque, il n'existait, dans tout le royaume, que deux diligences, celles de Lyon et de Lille, lourdes machines que leur construction et les règlements astreignaient à ne pas excéder la vitesse de *dix à onze lieues* par jour ; bientôt l'administration royale des Messageries couvre toutes les grandes routes de voitures nouvelles, voitures menées en poste, que le public baptise du nom de *Turgotines* ;

Les officiers de finance pullulaient... il dé-

clare que le décès ou la démission des titu-
laires emtrainera l'extinction de la charge;

Il donne l'édit sur la libre circulation des vins;

Il établit à Paris une caisse d'escompte qui
s'engage par ses statuts à prendre à 4 p. 0[0 le
papier du commerce;

Enfin l'ordre et l'économie qu'il met dans
les finances relèvent si bien le crédit, qu'il est
sur le point de contracter, avec des capi-
talistes hollandais, un emprunt important au-
dessous de 5 p. 0[0... C'est alors qu'il est renversé par une coalition de tous les abus dont il
menaçait l'existence... Il avait proposé de
de substituer à la corvée une contribution ter-
ritoriale; cela suffit pour que le parlement
l'accusât de vouloir attenter à la PROPRIÉTÉ.

Turgot avait mérité de tomber devant l'imprévoyance, l'optimisme et l'ignorance, car il
avait dit :

« Qu'est-ce que l'impôt? — Est-ce une charge imposée
« par la force à la faiblesse? Cette idée paraît analogue à celle
« d'un gouvernement fondé uniquement sur le droit de
« conquête. Alors le prince serait regardé comme l'ennemi
« commun de la société; les plus forts se défendraient
« comme ils pourraient, les plus faibles se laisseraient

« écraser. Alors il serait tout simple que les riches et les
« puissants fissent retomber toute la charge sur les faibles
« et les pauvres et fussent très-jaloux de ce privilége...
« Les dépenses d'un gouvernement ayant pour objet l'in-
« térêt de tous, tous doivent y contribuer, et plus on jouit
« des avantages de la société, plus on doit se tenir honoré
« d'en partager les charges.

« ... Dieu, en donnant à l'homme des besoins, et lui
« rendant nécessaire la ressource du travail, a fait du droit
« de travailler la propriété de tout homme, et cette propriété
« est la plus sacrée et la plus imprescriptible de toutes... »

Aussi Turgot eut-il l'honneur de compter
parmi les pamphlétaires qui l'attaquèrent et
contribuèrent à le renverser, *Monsieur*, frère
du roi, depuis Louis XVIII, qui le traita de
CHARLATAN d'administration!!!

Quelle attachante compagnie que celle d'un
tel homme, dont M. Eugène Daire, dans son
excellente notice, a parfaitement eu raison de
dire qu'il fut le plus grand peut-être des ministres qui aient été appelés en France au gouvernement de l'État, surtout si l'on tient compte
de ce fait, que Turgot ne resta ministre
que vingt-et-un mois, du 24 août 1774 au
12 mai 1776.

Mais ma porte vient de tourner sur ses gonds et je suis en face de mon accusateur public... Figure martiale, accent saccadé, moustaches épaisses, qui font du mieux qu'elles peuvent pour servir de masque redoutable à un cœur excellent et loyal... C'est le capitaine rapporteur Plée, suivi de son greffier chargé d'un nouveau ballot de lettres.

Ses premières paroles sont celles-ci : « Je « vous annonce que le secret est levé. »

Enfin je vais savoir pourquoi j'ai été arrêté! Non...

Pas plus que les précédentes vérifications de ma correspondance, cette vérification n'amène le découverte de la plus légère trace qui puisse mettre sur la voie d'un complot, d'une conspiration, d'une machination.

———

A peine le capitaine Plée et son greffier s'étaient-ils retirés que ma porte s'ouvrait à plus d'amis que mon étroite cellule n'en pouvait contenir.

— Enfin, nous vous revoyons... Mais pourquoi donc avez-vous été arrêté et mis au secret?

— Je l'ignore, et c'est moi qui vous le demande! au dedans je n'ai rien su, au dehors qu'a-t-on dit?

— Tout...

On a dit qu'on avait saisi une correspondance de vous avec le prince de Joinville qui prouvait que vous tramiez un complot!

On a dit que vous prépariez la restauration d'Henri V!

On a dit que vous étiez l'un des agents du prince Louis-Napoléon!

On a dit qu'on avait la preuve que vous aviez salarié l'insurrection avec l'or de la Russie; on précisait même le chiffre, car on disait que vous aviez distribué 1,500,000 francs; et qu'au moment de votre arrestation on avait saisi des roubles dans vos poches.

On a dit qu'on vous avait vu le dimanche 25 juin à 4 heures du matin sur une barricade!

On a dit qu'on avait saisi des lettres de vous les plus compromettantes, dans une perquisition faite à l'hôtel de la reine Christine!

On a dit que vous aviez été contraint de

confesser la vérité de toutes ces accusations!

On a dit que c'était par pure magnanimité que le général de Cavaignac, chef du pouvoir exécutif, ne vous avait pas fait fusiller!

On a dit et on dit encore que vous étiez ou que vous êtes condamné à la déportation!

— On n'a dit que cela!

Eh bien! maintenant, mes amis, je vais vous avouer toute la vérité.

On m'a arrêté uniquement parce qu'on a pensé, et c'est une justice qu'on m'a rendue, que j'aurais le courage de dire la vérité, de défendre la liberté et de réimprimer les articles de la *Tribune* et du *National* à l'occasion de l'état de siége de juin 1832! On m'a arrêté parce qu'on a pensé que je n'aurais pas la lâcheté de courber la tête et d'amnistier par la complicité de mon silence ceux qui, par leur imprévoyance, leur incapacité, assurément, leur trahison peut-être, ont laissé couver la guerre civile, ont plongé dans le deuil et la désolation les familles dont l'Assemblée nationale a déclaré qu'elle adoptait les veuves et les orphelins!

On m'a arrêté parce qu'on a pensé que je dirais que, de la part d'un pouvoir et d'un ministère qui n'avaient pris le 23 juin que d'insuffisantes dispositions pour prévenir l'effusion du sang et intimider l'insurrection en germe, l'état de siége était un crime, plus qu'un crime, un scandale!

Qu'a fait en Suisse l'honorable général Dufour lorsqu'il a reçu de la diète la pénible, périlleuse et délicate mission de triompher de la résistance des cantons désignés sous le nom du Sonderbund? Il a employé toute son activité, toute sa vigilance à réunir la masse de troupes la plus considérable afin de créer une telle inégalité de forces qu'elle ôtât aux dissidents tout désir d'engager une lutte inutile. C'était là agir en homme de bon sens, de bon cœur, de bonne foi, avec présence d'esprit et patriotisme.

L'insurrection des 23, 24, 25, 26 et 27 juin, s'est-elle déclarée sans cause ou du moins sans prétexte? Non, on n'ignorait pas que cet abcès monstrueux provoqué sous le nom d'Ateliers Nationaux, entretenu avec préméditation, envenimé avec soin, était sur le point d'aboutir sous la pression de l'Assemblée nationale.

Eh bien! quelles précautions avaient été

prises? Avait-on eu le soin de réunir et de déployer un appareil militaire imposant ? Avait-on saisi cette occasion solennelle d'établir entre la garde nationale et l'armée une fraternité qui, cette fois, ne fût pas un vain spectacle? Non, non, rien de tout cela n'avait été fait..... et le vendredi 23 juin, à midi, on laissait tranquillement les barricades s'élever dans les quartiers où il devait être le plus difficile de les abattre.

Cette fois encore, comme au 16 avril et au 15 mai, sans la spontanéité de la garde nationale, sans son courage, sans son dévouement, Paris allait être exposé à payer avec usure toutes les dettes si légèrement, si imprudemment, si criminellement contractées à l'Hôtel-de-Ville et au Luxembourg, dans les derniers jours de février, dans les premiers jours de mars !

On ne veut pas que je revienne sur le premier chapitre d'une révolution qui commence; on a tort; j'y reviendrai toujours, car l'honneur de MM. Louis Blanc, Ledru-Rollin, Flocon et compagnie, m'importe infiniment moins à sauver que l'honneur de mon pays et de mon siècle.

6

Dictateurs improvisés, présomptueux de la veille, impuissants du lendemain, nourrissons du *National* et de la *Réforme*, dont le sevrage a coûté plus cher à la France que les deux invasions de 1814 et de 1815, vous êtes bien heureux que je n'aie entre les doigts que la plume du journaliste, vous êtes bien heureux que je n'aie pas celle de l'historien !

Ces hommes qui ne trouvaient pas que la liberté fût assez grande et suffisamment garantie par la Charte de 1830, ne laissent pas échapper une seule occasion de tomber dans un excès de pouvoir !

Un ministre, républicain antédiluvien, se rendant coupable d'un véritable guet apens, fait appeler dans son cabinet un chef de service, le jette dans une chaise de poste entre deux agents de police, et faute de la Bastille, sans doute, l'envoie ainsi à Bordeaux ; puis pour toute justification, il vient dire à la tribune d'une assemblée de neuf cents membres : « Pardonnez-moi de m'être conduit en « médecin plutôt qu'en ministre ! »

La République où un tel acte d'arbitraire a pu s'avouer publiquement sans donner lieu à

une seule protestation, est une république où
il ne fait pas sain d'habiter, et si je m'étonne
d'une chose, c'est de n'avoir pas été fusillé
comme un Kabyle, dimanche soir 25 juin,
une heure après avoir été arrêté.

Le général de Cavaignac, avait bien supprimé
sans jugement, sans condamnation, le journal
que je dirigeais, il avait tout autant le droit de
me faire subir le sort du duc d'Enghien et du
maréchal Ney, avec cette différence que se
donner la peine de me juger, ç'eût été me faire
trop d'honneur !

Est-ce que l'état de siége n'est pas un mot
qui justifie tout ?

Qui le croira? on a pu, en France et en 1848,
séquestrer pendant dix jours un écrivain qui
n'avait jamais donné que des garanties à l'ordre
et à la liberté toujours étroitement unis dans
sa pensée ; on a pu le séquestrer sans qu'une
seule voix s'élevât de la tribune nationale pour
demander des explications, sans qu'une seule
ligne s'écrivît, pendant dix jours, dans un seul
journal, pour protester contre un tel attentat,
contre un tel excès de pouvoir !

Cet écrivain, il est vrai, est un esprit indiscipliné, qui ne sait marcher qu'à la suite de ce qu'il croit être la vérité et à l'écart des partis. Vous n'aimiez pas l'homme! — Soit. Mais en cet homme ce n'était pas lui qu'il fallait voir, c'était vous, c'était votre liberté, c'était votre vie! Dès que toute garantie cessait d'exister à son égard, aucune garantie n'existait plus pour qui que ce soit.

L'état de siége! — Est-ce à dire que vous avez le droit de disposer de mon honneur, de ma vie, de ma liberté, de ma fortune?

L'état de siége! — Est-ce à dire que constitutions, institutions, codes, lois, jurisprudence, toutes les garanties enfin conquises sur l'arbitraire, siècle à siècle, disparaissent en un jour, en une heure?

L'état de siége! — Est-ce à dire que tout citoyen sera responsable sur sa tête de tous les actes d'incapacité et d'imprévoyance d'un gouvernement entrainé de la faiblesse à la violence par la rapidité de la pente?

L'état de siége! — Ne contracterons-nous donc jamais l'habitude salutaire d'arrêter au passage tous les grands mots qui nous abusent et de leur demander : Qui êtes-vous? D'où

venez-vous? Où allez-vous? Que cachez-vous?
Que signifiez-vous?

L'état de siége! — Veut-on enfin savoir ce
que cela signifie? — Que l'on ouvre le *Bulletin
des lois* et on l'y trouvera ainsi défini, ainsi
limité par le décret du 24 décembre 1811 :
« Dans les places en état de siége, *l'autorité*
« *dont les magistrats étaient revétus pour le main-*
« *tien de l'ordre et de la police, passe tout entière*
« *au commandant d'armes qui l'exerce ou leur en*
« *délègue telle partie qu'il juge convenable.* »

L'état de siége!... Ce mot a déjà une portée
assez grande pour qu'on ne l'exagère pas encore inconsidérément. Exagérer tous les mots,
nous ne savons faire que cela. C'est ainsi que
nous exagérons le mot Égalité! C'est ainsi que
nous épelons sans savoir l'assembler le mot
Liberté! C'est ainsi que nous répétons avec em-
phase sans savoir lui donner aucun sens applicable ce mot sublime : Fraternité!... ce mot
qui, s'il était bien compris, résumerait à lui
seul toute la science sociale, toute l'économie
nouvelle, toute la politique de l'avenir.

Mercredi matin, 5 juillet 1848. Onze heures.

A peine si mes amis qui accourent, ayant appris que je n'étais plus au secret, me laissent une seconde pour dater de la Conciergerie ces dernières paroles, que vient de m'adresser M. le capitaine Plée :

— Rien ne s'oppose plus à ce que vous sortiez d'ici.

C'est le cas de dire :

Jean s'en alla comme il était venu;

car ma liberté m'est rendue comme elle m'a été prise. Aucune ordonnance de non lieu ne m'est communiquée, aucun congé ne m'est signifié.

Mais cette absence de toutes garanties, de toutes formes, doit-elle m'étonner? Ne viens-je pas d'apprendre que le pouvoir est aux mains des généraux qui commandaient en Afrique, et qui s'y étaient habitués à toutes les ressources du régime de l'omnipotence, du bon plaisir, de la *transportation* (mot nouveau),

de la censure et de l'autorisation préalable?
Qu'ai-je à dire? — Je demandais que l'Algérie
fût assimilée à la France. Eh bien! c'est la
France qui a été assimilée à l'Algérie.

Seul un esprit chagrin pourrait soutenir
que ce n'est pas absolument la même chose.

..... Au revoir, Messieurs : je dis au revoir,
car la liberté n'a pas de plus cruelle ennemie
que l'Indépendance.

Mercredi soir, 5 juillet 1848, bureaux de la *Presse*.

« Arrêté sans motif et tenu pendant onze jours au secret
sans qu'il existe contre moi l'indice le plus vague, la dénonciation la moins vraisemblable; à peine interrogé pour
la forme, relâché enfin aussi irrégulièrement que j'avais été
incarcéré, sans qu'une seule pièce m'ait encore fait connaître pourquoi j'ai été privé de ma liberté le 25 juin et
pourquoi elle m'a été rendue le 5 juillet, mon premier acte
est de protester contre cette séquestration de ma personne
et contre la suppression du journal la *Presse*, double attentat à la liberté et à la propriété, que je me réserve de
discuter dès que pourra reparaître la *Presse*, dont tout le
matériel continue d'être sous les scellés.

E. DE GIRARDIN.

Enfin je connais le mot de l'énigme! Voilà l'aveu qui leur est échappé, et comment ils expliquent mon arrestation : — « On l'a arrêté, disent-ils, parce que si l'on se fût borné à suspendre ou à supprimer son journal, il eût exécuté ce qu'il avait annoncé (1); il eût protesté, ne fût-ce que sur le plus petit carré de papier... on l'a arrêté pour le BAILLONNER! »

Le mot n'est pas noble, mais il est républicain.

Ainsi les gouvernants changent, mais les gouvernements ne changent pas.

C'est pour me *bâillonner* qu'on n'a pas hésité à commettre un triple attentat :

Attentat à la liberté de la personne ;

Attentat à la liberté de la presse ;

Attentat à la propriété !

Croit-on que ce soit une manière bien efficace de défendre la propriété contre les attaques

---

(1) *Presse* du samedi 25 mars.

« On se trompe si l'on croit que les menaces nous intimideront ; « on peut briser nos presses, et priver ainsi de pain les 500 per- « sonnes qu'elles font vivre; *nous trouverons toujours une feuille* « *de papier pour imprimer ce que nous pensons, et des lecteurs* « *pour lire ce que nous aurons écrit...* »

dont elle est l'objet, que de donner soi-même l'exemple d'une confiscation sans précédents sous les deux Chartes de 1815 et de 1830, car s'il y a eu des journaux SUSPENDUS après récidive, jugement et condamnation, il n'y en a pas eu de SUPPRIMÉS, ni après, ni surtout avant condamnation.

· En face de cette atteinte à la propriété, quelle sécurité, quelle garantie conserve la propriété?

Si j'invoque cette considération, c'est que je sais que c'est celle à laquelle les esprits seront le plus généralement accessibles ; pour moi, cette considération est la dernière : avant la question de propriété et de dommage, je fais passer la question de liberté et de civilisation. J'oublie facilement qu'il y a six mois j'ai refusé un million de francs de mes parts d'intérêt dans l'exploitation du journal *la Presse ;* je l'oublie facilement pour ne me souvenir que de la liberté de la presse méconnue et des vérités par lesquelles je termine cette narration :

ATTENTAT DU 18 BRUMAIRE.

« La liberté de la pensée est celle dont l'homme s'enorgueillit le plus, à laquelle il tient davantage ; c'est celle qui

peut être le moins impunément faussée. Liée essentiellement à son être, et le constituant en quelque sorte, c'est
de la nature qu'il tient le droit comme la faculté de l'exprimer. C'est par l'exercice de cette faculté précieuse, qui le
distingue de tous les autres êtres animés, c'est par la communication qu'elle établit entre tous les hommes, que s'est
formée la société et qu'elle peut se maintenir.

« Mais il faut que cette communication soit affranchie de
toute contrainte, qu'elle se fasse sans intermédiaire, que
l'homme qui écrit soit aussi libre que celui qui parle, qu'il
ne puisse être *bâillonné par un censeur. Des despotes aussi
ombrageux que Bonaparte peuvent seuls imaginer que de
cette dégradation littéraire dépend l'harmonie d'un État
bien constitué.*

« *Il serait bien misérable, le gouvernement qui pourrait
être renversé par un journal !* Ce ne sont point les journalistes qui font les révolutions : ce sont eux qui les annon-
cent, qui en révèlent les causes au gouvernement qu'elles
menacent ; mais il faut avouer qu'ils se chargent ensuite
volontiers de les justifier, si on n'a pas su les prévenir.

« Ce ne sont point les journaux qui ont fait le 18 brumaire ; mais le 18 brumaire a eu lieu parce que nous n'a-
vons pas assez écouté les avertissements que nous ont
donnés les journaux. Ceux qu'on nous dénonçait comme
appartenant au parti démagogique ne cessaient de nous
dire que Siéyès était le plus grand ennemi de la liberté, que
Siéyès conspirait. *Le 18 brumaire nous a prouvé que les
journaux avaient raison, que Siéyès était un conspirateur.*

« Ce n'est pas lorsque les journaux parlent et que le
peuple chante, c'est lorsqu'ils se taisent et que la nation,
consternée, garde un profond silence, que le gouvernement
doit sérieusement réfléchir sur sa position ; *ce n'est pas*

lorsque le mécontentement commence à éclater, mais lorsqu'il se concentre, que le gouvernement doit trembler. Les cris du peuple indiquent les maux qui tourmentent le corps politique et que l'on peut guérir ; *un triste et morne silence cache une plaie gangreneuse, qui ne se manifestera que lorsqu'il ne sera plus temps d'y remédier.*

« GOHIER, *membre du Directoire* (1). »

(1) Extrait de ses Mémoires cité par le *National* dans son numéro du 17 octobre 1835.

RÉFORME DU RÉGIME PÉNAL,

La Conciergerie, 1848.

Dans la réforme pénale, telle que je l'ai conçue et déjà exposée à plusieurs reprises (1), disparaissent les peines suivantes :

La mort,
Les travaux forcés à perpétuité et à temps,
La déportation,
La détention,
La réclusion,
L'emprisonnement.

(1) *Administration et politique. Presse* du 4 mars 1848.

« La société a trois degrés : la maison paternelle, la commune, l'Etat.

« De même la solidarité a trois degrés : le nom de ses parents

Sont seulement conservés :

Le bannissement,
La dégradation civique,
L'interdiction en tout ou en partie de l'exercice des droits civils , politiques et de famille,
L'amende,
Les dommages-intérêts.

que l'on porte, le lieu du département où l'on est né, le drapeau de la patrie, qui suit partout le Français pour le couvrir et le protéger.

« Graduelle, cette solidarité est réciproque.

« Elle anéantit l'individualisme, qui trop longtemps a recruté et peuplé les bagnes et les prisons.

« La famille est, pécuniairement et civilement, responsable de la conduite de chacun de ses membres vis-à-vis de la commune ; la commune vis-à-vis de l'État, comme l'État est responsable de la conduite de ses nationaux à l'égard de tout gouvernement étranger.

« Toutes les prisons, ces écoles où la prévention se traduit en apprentissage funeste, où le délit s'ingénie au crime, où le crime s'exerce à se surpasser, toutes les prisons sont fermées.

« La peine de mort est abolie.

« Trois peines seulement sont conservées :

« Dommages-intérêts mis à la charge de l'individu; à défaut de l'individu, à la charge de la famille; à défaut de la famille, à la charge de la commune ; à défaut de la commune, à la charge de l'État ;

« Interdiction en tout ou en partie des droits civiques, civils et de famille ;

Il n'est rien changé à la division suivante :

Crimes,
Délits,
Contraventions.

Les actes qualifiés de *crimes* peuvent donner lieu cumulativement ou séparément à l'application des peines suivantes : bannissement, dégradation civique, amende, dommages-intérêts.

Les actes qualifiés de *délits* peuvent donner lieu seulement à l'application des peines suivantes : interdiction en tout ou en partie de l'exercice des droits civils, politiques et de famille, amende, dommages-intérêts.

Les actes qualifiés simplement de *contraven-*

« Bannissement à temps ou à perpétuité.

« Tous les enfants abandonnés par leur mère sont à la charge de la famille ; à défaut de la famille demeurée inconnue ou dénuée de toute ressource, à la charge de la commune ; à défaut de la commune trop pauvre, à la charge de l'État.

« Solidarité commune et surveillance mutuelle ; telle est la double loi de la police nouvelle, de la seule qu'une nation grande, fière et libre, puisse désormais avouer.

« La solidarité, c'est la fraternité.

« La fraternité des peuples, c'est la paix, c'est le respect de toutes les nationalités, c'est la Force désarmée par le Droit. »

tions peuvent donner lieu exclusivement à l'application des peines suivantes : amende, dommages-intérêts.

Quant à l'échelle à dresser et aux lignes de démarcation à tracer entre les crimes, les délits, les contraventions, c'est là une question que je laisse à débattre aux législateurs et aux jurisconsultes.

La question est secondaire.

La question principale est celle qui consiste à empêcher que notre système pénal n'empire au sein de la société le mal qu'il a pour but d'y combattre et qu'il y combat si imparfaitement.

Le problème des libérés est un problème qu'il faut résoudre à tout prix.

Point d'illusions !

Le système de l'emprisonnement cellulaire et le régime du patronage ne le résolvent point.

Coûte que coûte, le bannissement est préférable.

Peu importe d'ailleurs la dépense, car cette dépense sera amplement comblée par l'application, dans tous les cas où une amende et des dommages-intérêts auront été prononcés, du principe de la solidarité,

D'abord étendu de l'individu à la famille,

Ensuite de la famille à la commune,

Enfin de la commune à l'Etat.

La solidarité est le seul principe qui puisse resserrer les liens détendus de la famille, organiser la commune, sauver la société !

La solidarité existe entre l'Etat et les nationaux dans une multitude de cas ; pourquoi ne pas l'étendre à la commune, à la famille ?

L'individualisme est le mal qui nous dévore.

L'individualisme est l'erreur sociale que nous expions ; c'est un levain de révolution ; c'est un crime de lèse-civilisation.

La famille n'est le plus communément qu'un vaste manteau flottant sous lequel on trouve abrités seulement le père et le fils, la mère et la fille.

Le frère riche qui vient au secours de ses frères pauvres, l'oncle enrichi qui vient en aide à ses neveux ruinés, ne sont-ils pas aujourd'hui de très-rares exceptions ?

L'avidité de l'argent, la division des fortunes due à l'égalité des partages, la multiplicité des

7.

besoins perpétuellement en lutte avec l'exiguïté des ressources de chacun, ne sont-elles pas autant de causes qui ont fait reléguer généralement parmi les préjugés ce respect scrupuleux du nom de la famille qui faisait qu'autrefois il n'y avait pas de sacrifice qui coûtât pour sauver l'honneur de ce qu'on appelait *les siens* et le transmettre intact?

C'est à l'argent à réédifier ce qu'il a détruit; c'est au principe de la solidarité à réparer le mal immense causé par la doctrine funeste de la responsabilité purement individuelle.

Il faut, il est nécessaire, il est urgent, que tous les membres d'une même famille soient intéressés à s'entr'aider les uns les autres, à exercer sur eux-mêmes un contrôle mutuel et une surveillance commune.

Ce n'est qu'en divisant ainsi la police :

Premier degré : — Police exercée par la famille sur elle-même;

Deuxième degré : — Police exercée par la commune sur tous les individus nés dans les limites de sa circonscription;

Troisième degré : — Police exercée par l'État;

Ce n'est qu'en divisant ainsi la police qu'on parviendra à en exercer une qui soit efficace, simple, sûre, économique, salutaire, qui moralise et ne démoralise pas, qui rétablisse enfin l'ordre social délabré.

Tout crime, tout délit, toute contravention se résumant par un préjudice causé soit à l'État, soit à un particulier et souvent à l'un et à l'autre en même temps; tout préjudice se traduisant par des dommages-intérêts et par une amende, séparés ou réunis; tous dommages-intérêts alloués, toute amende encourue, retombant à défaut de l'individu à la charge de la famille, à défaut de la famille à la charge de la commune, à défaut de la commune à la charge de l'État, on comprend que dès lors la police s'exerce d'elle seule et d'elle-même.

Le cousin ne demeure plus étranger à son cousin; l'oncle et la tante s'enquièrent de l'éducation donnée à leurs neveux; ils ont droit et autorité pour s'en enquérir, car ils peuvent être un jour pécuniairement responsables.

L'instruction publique n'est plus abandonnée négligemment à elle-même; la commune a un intérêt trop direct à la surveiller.

Par le principe essentiellement civilisateur et moralisateur des trois degrés de solidarité, tels qu'ils viennent d'être définis, une protection est assurée contre les soustractions d'état aux malheureux enfants qu'on abandonnait, une digue est opposée à l'accroissement trop rapide de la population indigente, une solution de l'extinction du paupérisme se laisse entrevoir !

Cette idée, que je ne fais ici qu'effleurer et qu'indiquer, est la racine d'un germe dont mon esprit est le sillon labouré par la méditation.

Cette idée a pour famille une multitude de développements; elle se lie étroitement à la nécessité d'un grand livre de la population, dont le moindre avantage serait de simplifier la rédaction de tous les actes de l'état civil et de fournir à la principale branche de la statistique des données d'une exactitude rigoureuse et incontestable.

Elle suppose, il est vrai, l'instruction publique gratuite à tous les degrés, conséquemment accessible à tous; mais l'accomplissement de cette condition est la clef de voûte de toute société démocratique. Point de société démocratique organisée si l'instruction publique n'y est gratuitement donnée.

Objectera-t-on, contre le régime pénal tel que j'en conçois la pensée, tel que j'en mûris la réforme, qu'il serait insuffisant?—Je répondrai par une multitude de citations. L'une d'elles, qui n'est pas la moins précieuse, prouve, à l'appui de mes idées, que nos pères les Germains n'admettaient guère que des peines pécuniaires; une autre constate qu'à Rome la peine corporelle pouvait se convertir en peine pécuniaire.

Des actes qualifiés *crimes* en d'autres temps et en d'autres pays ont déjà disparu de nos codes tels que les suivants : — magie, hérésie, sacrilége, lèse-majesté.

Il s'agit d'achever l'œuvre et de rendre leur véritable caractère aux crimes et délits ainsi dénommés : — abus d'autorité, abus de confiance, accusations calomnieuses ou diffamatoires, adultères, assassinats, attroupements, bigamie, coalitions, concubinage, concussions, contrefaçons, corruption, détournement, dol, empoisonnement, excès, extorsion, faux, filouterie, forfaiture, homicide, incendies, machinations, mendicité, meurtre, outrages, pillage, rébellion, subornation, vagabondage, viol, violences et voies de fait ; — ces crimes et délits, ces perturbations sociales sont un préjudice causé ; la peine doit donc être, indépendamment de l'amende encourue, des dommages et intérêts supérieurs au préjudice causé. « Chez les Grecs et chez les Romains le vo- « leur était condamné à la peine pécuniaire (1). « Après la loi Porcia le voleur manifeste fut « condamné au quadruple, et on continua à « punir du double le voleur non manifeste. »

Montesquieu avait raison lorsqu'il a dit : « C'est le triomphe de la liberté, lorsque les « lois criminelles tirent chaque peine de la na- « ture particulière du crime. Tout l'arbitraire « cesse ; la peine ne descend point du caprice « du législateur, mais de la nature de la chose ; « et ce n'est pas l'homme qui fait violence à « l'homme. »

Je ne propose donc rien de nouveau, rien qui n'ait déjà été pratiqué lorsque j'insiste sur la nécessité de transformer et de simplifier

(1) Montesquieu.

notre régime pénal, établi en vue d'autres mœurs, d'autres idées, d'autres temps que les nôtres.

CITATIONS EMPRUNTÉES A MONTESQUIEU.

(*Esprit des Lois.*)

« L'expérience a fait remarquer que dans les pays où les peines sont douces, l'esprit du citoyen en est frappé, comme il l'est ailleurs par les grandes.

« Les vols sur les grands chemins étaient communs dans quelques États ; on voulut les arrêter ; on inventa le supplice de la roue, qui les suspendit pendant quelque temps. Depuis ce temps, on a volé comme auparavant sur les grands chemins.

«... Il ne faut point mener les hommes par les voies extrêmes ; on doit être ménager des moyens que la nature nous donne pour les conduire.

«... Si vous voyez des pays où les hommes ne sont retenus que par des supplices cruels, comptez encore que cela vient en grande partie de la violence du gouvernement qui a employé ces supplices pour des fautes légères.

CHINE. — PÉROU. — « On punit, à la Chine, les pères pour les fautes de leurs enfants. C'était l'usage du Pérou.

JAPON. — « Les peines outrées peuvent corrompre le despotisme même.

GERMAINS. — « *Nos pères, les Germains, n'admettaient guère que des peines pécuniaires.*

ROMAINS. — « Je me trouve fort dans mes maximes, lorsque j'ai pour moi les Romains, et je crois que les peines tiennent à la nature du gouvernement; lorsque je vois ce grand peuple changer à cet égard de lois civiles, à mesure qu'il changeait de lois politiques.

« La loi des Douze Tables ne condamnait au talion que lorsqu'on n'avait pu apaiser celui qui se plaignait. On pouvait, après la condamnation, payer les dommages et intérêts, et la peine corporelle se convertissait en peine pécuniaire.

« L'institution du tribunal domestique sup-

pléa, chez les Romains, à la magistrature éta-
blie chez les Grecs.

« C'est le triomphe de la liberté, lorsque les
lois criminelles tirent chaque peine de la nature particulière du crime. »

8

LE PEUPLE,

La Conciergerie.

Républicains, qu'appelez-vous le *Peuple* ?
Qu'appelez-vous la *Bourgeoisie* ?
Réponse :

« La *Bourgeoisie* est l'ensemble des citoyens
« qui, possédant des instruments de travail ou
« un capital, peuvent, sans s'asservir, déve-
« lopper leurs facultés et ne dépendent d'au-
« trui que dans une certaine mesure.

« Le *Peuple* est l'ensemble des citoyens qui,
« ne possédant pas les instruments de travail,
« ne trouvent pas en eux-mêmes leurs moyens
« de développement et dépendent d'autrui en
« ce qui touche aux premières nécessités de la
« vie. »

Cette réponse, vous n'en contesterez pas les termes, car je l'emprunte au plus célèbre, au plus convaincu de vos écrivains : à Louis Blanc (1).

C'est avec cette fausse définition que l'on a armé le peuple le 23 février et le 23 juin ; c'est avec cette fausse définition que la République, n'étant pas encore montée jusqu'au faite, menaçait déjà de s'abîmer sous sa voûte.

Grave danger des fausses définitions qui perpétuent un antagonisme funeste !

Quiconque maintiendra l'antagonisme sera dans les voies du passé et ne sera pas dans les voies de l'avenir, sera sur le chemin des révolutions et ne sera pas sur le chemin du progrès, préférera la tempête au port.

Contenir l'antagonisme est l'œuvre de la force; abolir l'antagonisme est le but que doit se proposer l'intelligence. La mienne ne s'en est jamais proposé d'autre. Tel a été pendant vingt ans le constant objet de tous mes efforts, de toutes mes études, de toutes mes méditations.

Mais, avant de préciser quelle étendue le

_____

(1) *Histoire de dix ans*, Conclusion, 5e volume.

mot Peuple occupe dans ma pensée, je dois commencer par montrer à quel point est erroné le sens que lui donne le vocabulaire républicain.

Le nombre des oisifs est déjà fort restreint; il tend constamment à se réduire. C'est là un fait incontestable et incontesté.

Si le nombre des oisifs est extrêmement limité, comprendra-t-on oui ou non parmi la *bourgeoisie* le marchand et le négociant, le petit fabricant et le grand manufacturier, le commissionnaire, le courtier, le banquier, le médecin, le chirurgien, l'avocat?

Si on ne les comprend pas parmi la bourgeoisie, le mot *bourgeoisie* n'a plus qu'un sens; il signifie : *oisiveté;* si on les comprend parmi la bourgeoisie, la définition républicaine n'a plus de base et s'écroule.

Je vais le prouver.

Le nombre des marchands, des négociants, des fabricants, des manufacturiers, des banquiers, etc., qui possèdent par eux-mêmes des instruments de travail ou un capital suffisant, est l'exception, exception infiniment rare. L'immense majorité est tributaire du crédit qu'elle est parvenue à acquérir; elle ne vit que grâce à la confiance qu'elle a su inspirer. Il n'en faut pas même excepter la plupart des banquiers, lesquels doivent pour le moins autant qu'il leur est dû. Marchands, négociants, fabricants, manufacturiers, banquiers, etc., dépendent donc essentiellement d'autrui. Dira-t-on que beaucoup de médecins, de chirurgiens, d'avocats qui débutent ne sont pas, *pour ce qui touche aux premières nécessités de la vie*, livrés à des perplexités tout aussi cruelles que l'ouvrier qui n'a pour subsister que le travail de ses mains et le salaire du jour? Le *client* n'est-il pas, sous un autre nom, le même agent social que le *patron? Client* ou *patron*, n'est-ce pas toujours le gousset d'où sort l'argent?

Maintenant, qu'appelle-t-on les *premières nécessités de la vie?* Les plus restreintes sont-elles toujours les plus impérieuses et les moins faciles à satisfaire.

L'avocat sans cause, le médecin sans malade, l'écrivain sans éditeur, l'artiste sans acquéreur, trouvent-ils plus aisément crédit, pour remplacer leur habit troué, que l'artisan sans ouvrage pour acheter une blouse neuve?

Les premiers ne souffrent-ils pas plus cruellement que le second dans la dignité de leur profession et dans l'intérêt de leur avenir?

Cette distinction entre la Bourgeoisie et le Peuple est donc fausse.

Pour chacun, l'instrument de travail, c'est le savoir qu'il a acquis ; pour chacun, l'instrument de crédit, c'est la confiance qu'il inspire.

Dans toute profession, dans toute industrie, l'ouvrier qui s'est fait distinguer par son aptitude impose la loi plutôt qu'il ne la reçoit ; il commande à son patron plus que son patron ne lui commande ; son sort n'est donc pas plus précaire que celui du marchand et du fabricant qui vivent constamment entre deux crédits : le crédit qu'ils font et le crédit qu'on leur fait.

Distinguera-t-on les ouvriers en deux catégories? — Les *ouvriers-ouvriers* et les *ouvriers-bourgeois*? Désignera-t-on ainsi ceux qui, par leur aptitude et leur prévoyance, se sont affranchis de toute incertitude rigoureuse quant aux premières nécessités de la vie?

Point de distinctions arbitraires, c'est assez déjà de celles qui existent entre les bons et les mauvais, les beaux et les laids, les instruits et les ignorants, les économes et les prodigues, les laborieux et les paresseux, les intelligents et les obtus.

Au sein d'une société démocratiquement organisée, *bourgeoisie* est un mot qu'il faut reléguer à l'histoire du passé ; il ne signifie plus rien ; il ne doit plus y avoir que ces deux expressions : — *Peuple* et *Populace*.

Toute matière ouvrée a ses déchets.

Tout liquide en fermentation a son écume.

L'eau la plus pure a sa vase.

Le vin le plus précieux a sa lie.

L'huile épurée a ses résidus.

Le métal a ses scories.

L'arbre a ses branches sèches.

La lumière enfin a son ombre.

C'est une loi universelle de la nature.

Ces deux expressions : — *Peuple* et *Populace* exclusivement admises, toute obscurité disparaît, l'horizon de l'avenir s'étend et s'éclaircit, le but marqué aux gouvernements se découvre et s'aperçoit distinctement. Il n'existe plus de risques de s'égarer pour y atteindre.

Ce but se définit ainsi :

Faire que la proportion de la Populace relativément au Peuple soit la plus faible possible.

Diminuer sans relâche la lie déposée au fond de cette immense coupe qui s'appelle : « la société. »

Travailler constamment à restreindre la part du mal, de l'ignorance, de l'imprévoyance et de la misère, ce qui équivaut à étendre la part du bien, du savoir, de la prévoyance et de l'aisance.

Gouverner enfin le peuple comme on vanne le blé, comme on épure l'huile, comme on distille l'esprit, comme on raffine le sucre, comme on perfectionne l'industrie, comme on améliore les races.

D'accord sur le but, le débat ne portera plus que sur les moyens.

Un progrès conduit à un autre ; la nécessité fait naître l'invention, l'invention à son tour fait naître le perfectionnement.

Avant que Jouffroy, Fulton et Watt domptassent la vapeur, Salomon de Caus en avait entrevu la force.

Le kilogramme de sucre de betteraves, qui ne coûte plus à fabriquer que 50 centimes (et ce n'est pas encore son dernier mot), coûtait 12 francs sous l'Empire.

Dans les industries qui ont les tissus pour objet, on a réduit à l'état de machine l'homme, la femme, l'enfant, mais un pas de plus, et les machines seront l'échelle qui aidera à relever de cet abaissement l'enfant, la femme, l'homme.

Je le pressens et je le prédis ; pour que j'eusse raison et pour que j'eusse le temps de jouir de mon triomphe, il suffirait d'un gouvernement judicieux qui sût attirer dans cette voie d'explorations nouvelles le génie humain.

Je fais le raisonnement suivant :

Généralement les hommes qui se sont élevés le plus haut sont ceux qui ont pris leur élan de plus bas ; il y a longtemps que toutes les aristocraties seraient taries, si elles n'avaient su raviver leur cours en allant à point puiser à la source de la démocratie.

Politique, armée, marine, lettres, éloquence, sciences, arts, industrie, découvertes, inventions, perfectionnements, doivent assurément beaucoup plus à la démocratie qu'ils ne doivent à l'aristocratie.

: J'en tire cette conclusion :

Par quelles conquêtes bien plus importantes encore la civilisation n'eût-elle pas reculé ses limites, si les gouvernements, pénétrés de la divinité de leur mission, s'étaient appliqués à l'envi à donner à la démocratie autant de facilités qu'ils se sont au contraire attachés à lui opposer des obstacles, espérant toujours que ces obstacles seraient invincibles.

Illusion ! ces obstacles, réputés invincibles, ont été ou seront tous successivement vaincus.

Le jour où sont nées sur un point du globe l'imprimerie et la liberté de la presse, l'ère ancienne s'est fermée, l'ère nouvelle s'est ouverte.

L'ère ancienne, c'était le grand nombre gouverné par la force.

L'ère nouvelle, ce sera le grand nombre se gouvernant par l'intelligence.

Partout les Minorités tendent à s'effacer devant les Majorités.

Il importe donc de ne rien négliger pour que les majorités ne se rendent pas coupables vis à vis des minorités d'aucun des excès dont celles-ci ont eu à souffrir sous la domination de celles-là. Ce serait de terribles représailles ! Le moyen de les prévenir, c'est de ne pas tarder d'une heure à s'adonner à la grande œuvre de l'éducation, de l'instruction, de la moralisation, de l'amélioration du peuple.

Rien ne doit être épargné : ni l'argent, ni la peine, ni les primes, ni les récompenses.

Le Peuple doit être à la Populace ce qu'est, en industrie, le net au brut, la matière ouvrée à la matière première; ce qu'est, en agriculture, la terre inculte au champ cultivé.

Ce sera dans l'avenir la honte de notre siècle et des siècles précédents, que de n'avoir pas su pousser plus loin l'art de tirer une plus grande quantité de peuple d'une si grande quantité de populace.

En fait d'art de gouverner, nous en sommes encore où en était l'art de moudre alors que le grain destiné à fabriquer le pain s'écrasait grossièrement entre deux pierres, alors que le son n'était pas séparé de la farine. Aujourd'hui, ce n'est plus seulement la farine qui est séparée du son, c'est la fécule qui est séparée de la farine.

Les meules, les moulins ont été inventés !

C'est à l'administration à rendre à la politique les mêmes services.

L'administration doit être à la politique ce que le chemin est au but, ce que le moteur est au véhicule, ce que l'application est à la science, ce que la solution est au problème.

Qui dédaigne l'administration fait une de ces deux choses : ou il essaye d'échapper au sentiment de son impuissance, ou il a le mépris du peuple.

Pour le peuple dont le bon sens est réfractaire aux subtilités des esprits faux, un gouvernement vaut ce que vaut son administration. Elle en est la forme visible et palpable.

Il a raison !

Peu lui importent les principes ; ce qui lui importe, ce sont les actes.

L'administration est au peuple ce que la mamelle est à l'enfant.

Un gouvernement dont l'administration est mauvaise ressemble à la mère ou à la nourrice dont la mamelle serait tarie.

Voilà ce qu'on s'obstine à ne pas vouloir comprendre dans ce pays où Sully, Colbert et Turgot ont jeté un éclat qui aurait dû empêcher qu'après eux on ne s'écartât de la route frayée par leur génie.

Mais, qu'est-il arrivé? Les gouvernements, oubliant leurs devoirs, les peuples se sont souvenus de leurs droits. Mauvais remède au mal! Ce qui le prouve, c'est que jamais une révolution n'a valu une réforme.

Croire que le peuple peut et doit se gouverner est une aberration ; autant vaudrait prétendre que l'ombre doit éclairer ; mais ce qu'il faut, c'est que tout gouvernement soit uniquement institué dans l'intérêt du peuple.

On remarquera que je dis Peuple et non Pays ; ce qui est essentiellement différent. Le Pays, c'est le sol, le Peuple, c'est l'homme. On a vu beaucoup de souverains mesurer leur grandeur à l'étendue de territoire sur laquelle ils régnaient, compter le peuple pour rien et le territoire pour tout ; mais on a vu peu de rois s'inquiéter moins de reculer les limites du royaume que d'accroître le bonheur du peuple.

On dirait que l'humanité est construite de telle sorte qu'elle soit condamnée à marcher en sens contraire de ses destinées !

Après trente années de paix et soixante années de révolutions, l'époque est-elle enfin venue où la grandeur des empires passera après

9

le bonheur des peuples, où l'on verra le gouvernement sous lequel le peuple sera le plus heureux, le plus éclairé, le plus robuste, devenir, malgré lui, conquérant pacifique, par le seul effet de la contagion du bien-être?

Quand je plonge au fond des idées, je l'espère et je le crois; mais dès que j'étudie les hommes, — monarchiques ou républicains, — je ne le crois plus.

La forme des gouvernements change, le fond ne change pas; sous des noms différents, c'est toujours l'arbitraire qui règne et l'ignorance qui gouverne.

Il n'en sera autrement que le jour où les séductions attachées à l'exercice du pouvoir en auront été toutes retranchées, où gouverner, ce sera se dévouer, parce qu'il y aura beaucoup à risquer et rien à gagner.

Alors seulement on verra disparaître cet antagonisme qui allume les révolutions comme du choc du silex contre le fer jaillit l'étincelle; il n'y aura plus de classes; il n'y aura plus deux noms pour distinguer le peuple et la bourgeoisie; il n'y aura plus que le peuple

moins sa lie, lie dont la proportion tendra constamment à décroître.

Que dirait-on d'un vigneron qui, dès qu'il
aurait séparé le vin du marc, mêlerait ensuite
le marc dans le vin ? — On dirait, assurément,
qu'il est insensé. Eh bien ! n'est-ce pas ce que
fait sans cesse le gouvernement, quand il jette
de la société dans le bagne et rejette du bagne
dans la société cette multitude de malfaiteurs et
de criminels, trop heureux d'avoir une occasion de se mettre aux gages d'un parti, et de
s'apposter derrière une barricade?

Comment le peuple ne se dépraverait-il pas
au contact journalier de tant de professeurs
émérites de perversité, que dégorgent annuellement les prisons, ces universités du crime ?

La société récolte ce qu'elle sème : elle sème
à tort et à travers les peines surannées ; elle
récolte les haines aguerries. C'est un marais ;
la stagnation est à la surface, mais au fond est
la décomposition exhalant des miasmes pesti-
lentiels.

J'écris ces réflexions, je pourrais dire ces observations, en ayant là sous les yeux des centaines de détenus, dont quelques-uns, sans

doute, appartiennent aux rangs du peuple, dont la plupart, assurément, grossissaient hier le flot impur de la populace.

Attitude, visages, accents, discours ; tout le prouve.

Mon regard se porte-t-il sur eux, aussitôt il s'en détourne ; s'en est-il détourné, aussitôt il s'y reporte. Ainsi, quand on poursuit un problème difficile à résoudre, l'esprit s'en éloigne pour y revenir, il y revient pour s'en éloigner.

Je me demande :

Pour tous ces hommes du peuple qu'a-t-on fait ?

Qu'a-t-on fait pour rendre les bons meilleurs ?

Qu'a-t-on fait pour rendre moins mauvais les mauvais ?

Qu'a-t-on fait pour détourner du mal et diriger vers le bien l'activité de ces intelligences ?

Une instruction saine et judicieuse a-t-elle dardé sur eux ses rayons bienfaisants ?

Non ; on a trouvé que ç'eût été dépenser trop d'argent que de dépenser annuellement 35 millions de francs pour l'instruction de 35 millions d'hommes, et l'on n'a pas trouvé que ce fût dépenser trop d'argent que de dépenser 365 millions par an, pour entretenir une armée sans but, à une époque où la guerre des tarifs a succédé à la guerre des frontières!

Républicains, vous avez aujourd'hui le pouvoir; vous vous en êtes emparés au nom du peuple; il me tarde de voir ce que vous saurez faire pour lui. Je l'aimais trop pour le flatter; ne l'auriez-vous tant flatté que parce que vous l'aimiez peu? Vous lui avez prodigué les droits, cela est vrai; mais ne vous abusez point; c'est une issue par laquelle vous n'échapperez point à la nécessité d'accomplir les devoirs qui vous attendent comme la juste expiation de votre présomption.

9.

LES CONSPIRATEURS.

La Conciergerie...

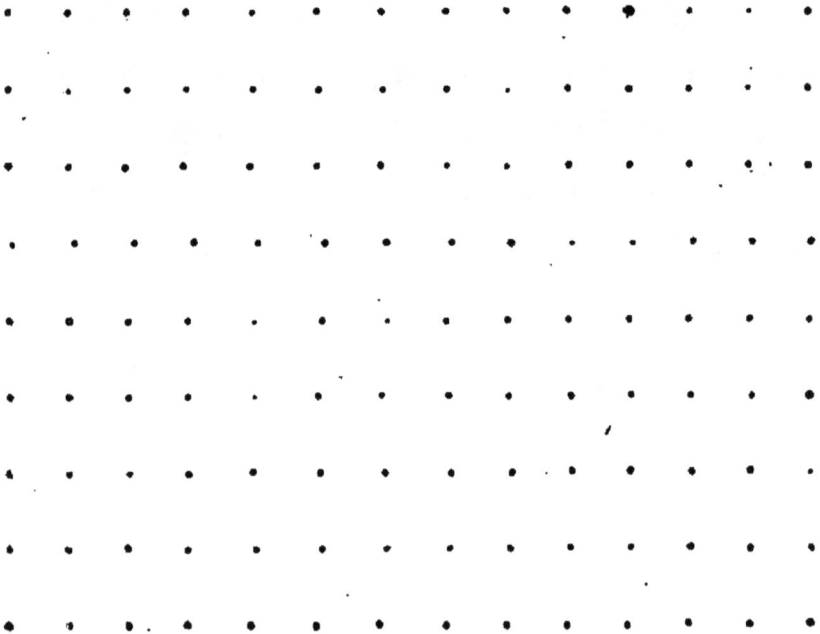

LES RÉPUBLICAINS DE LA VEILLE.

La Conciergerie...

PARIS MIS EN ÉTAT DE SIÉGE.

1832 — 1834

EXTRAITS DU *NATIONAL*.

> Il est plus aisé de décréter la dictature
> que d'en user.
> *National*, 12 juin 1832.

---

9 JUIN 1832.

On ne revient pas même à l'article 14 de la Charte ; on fait pis, on se passe de cet article, qui du moins laissait une apparence de droit constitutionnel à des mesures extra-légales. On nous soutient que tout décret de l'Empire, toute loi révolutionnaire qui n'a pas été nominativement abrogée depuis 16 ans est loi de l'Etat en dépit de la Charte. C'est en vain qu'on aura écrit dans la constitution de 1830 : *que le roi ne peut ni suspendre les lois elles-mêmes, ni dispenser de leur exécution ; que nul ne peut être distrait de ses juges naturels.* On vous dira qu'un certain décret de 1811 autorise la mise en état de siége d'une ville, d'un département, de dix départements, s'il le faut ; et alors ce

n'est p'us le roi qui suspend la loi, qui enlève les citoyens
à leurs juges naturels, c'est la mise en état de siége
qui fait tout cela, et la mise en état de siége n'a pas été
positivement interdite. On n'y a pas pensé quand on a condamné MM. de Polignac et de Peyronnet à la dégradation
civile, pour avoir mis Paris en état de siége!...

On a motivé l'état de siége et toutes les mesures extra-
légales qui en découlent sur ce qu'il y avait eu contre le
gouvernement des complots qui demandaient une prompte
répression, et particulièrement sur ce qu'il fallait prévenir le retour de ces complots. Est-ce que la loi commune
n'admet pas la possibilité des complots contre la sûreté de
l'Etat? Est-ce que les disposi tions de notre Code criminel,
qui défendent l'Etat contre toute espèce de complot ne
supposent pas que le gouvernement pourra être attaqué à
main armée et même mis en péril par des rébellions for-
midables? Si les auteurs de la Charte revisée en 1830
croyaient ces moyens insuffisants, que ne laissaient-ils
subsister l'article 14? Faut-il donc penser, avec le défen-
seur de M. de Peyronnet, qu'il y a d ns toute constitution
un article 14 exprimé ou sous-entendu, et que ceux qui
l'avouent sont plus francs seulement que ceux qui le sous-
entendent.

On n'a pas craint de s'appuyer sur les acclamations
d'une partie de la garde nationale, de la garde nationale
tout entière si l'on veut, et l'on a fait cette espèce de raisonnement : « Ce que la garde nationale n'improuve pas
formellement ne saurait être inconstitutionnel. » Ce serait
tout bonnement professer qu'il y a coup d'Etat et coup
d'Etat; que le mal qui réussit par un certain concours de
hasards et de circonstances est légitime; qu'on peut toujours opprimer une minorité en sortant des voies de la

constitution, pourvu que la majorité approuve, ou laisse faire, ou veuille bien qu'on les trompe. Or, que faudrait-il penser de la majorité qui a renversé en Juillet et l'article 14 de la charte octroyée et la dynastie restaurée, si l'article 14 pouvait revivre aujourd'hui sous un autre nom et avec l'appui d'une majorité surprise au milieu d'un nouveau tapage de coups de fusil? De deux choses l'une : ou la révolution de Juillet condamne la mise en état de siége de Paris, et les conséquences violentes de cette mesure, ou c'est la révolution de Juillet elle-même qui a tort et qui disparaît devant une usurpation plus heureuse et peut-être aussi plus habile que celle de Charles X.

(Les Doctrinaires terroristes.)

Assurément si quelque chose peut nous étonner dans ce qui se passe sous nos yeux, ce n'est pas que la route suivie depuis quinze mois aboutisse à des lois d'exception. Telle était la destinée du 13 mars. Si nous nous sommes élevés tant de fois contre ses auteurs et ses fauteurs, c'est que nous avions prévu dès le premier jour ses inévitables conséquences. Elles se sont réalisées, nous les acceptons : ce sont quelques mauvais jours à passer ; nos pères, pour un peu de gloire et de liberté, en ont traversé de plus durs. de petits beaux esprits peureux et haineux, comme l'avocat d'Arras, nous prêtaient leurs arrière-pensées sanguinaires : ils osaient nous accuser de rêver les excès de 93 et d'avoir soif De proscription. Hé bien! ces docteurs en légalité, qui professent depuis 1814 leurs théories parlementaires ; ces parodistes puritains de Fox, de lord Grey, de Canning, le premier jour où ils entrevoient le moyen d'abuser de la force, conseillent au pouvoir de jeter l'interdit sur nos libertés et

d'appliquer à leurs contradicteurs la juridiction exceptionnelle des conseils de guerre! Ce qui nous surprend, ce
n'est certes pas cette désertion honteuse d'opinions profes-
sées pendant quinze ans : les hommes que nous désignons
nous ont accoutumés, depuis Juillet, à de semblables con-
tradictions ; ce qui étonne, c'est que leur subtibilité sophis-
tique ne leur ait pas inspiré une nouvelle et brillante théorie
de la mise hors la loi. Comment ces jansénistes révolution-
naires, qui conseillent si froidement le régime des fusil-
lades, ne peuvent-ils tirer de leurs cerveaux quelques
arguments capables de nous prouver l'excellence de cette
forme nouvelle du système parlementaire anglais? Rien de
plus pauvre que leurs apologies de la mise de Paris hors la
Charte. Ce que nous lisons aujourd'hui à ce sujet dans les
journaux n'est qu'une pâle répétition des arguments em-
ployés depuis 93 par les proscripteurs de tous les partis :
« N'allez pas croire, honnêtes Parisiens, disaient-ils, que
« Paris est mis hors de la constitution parce qu'une partie
« de ses habitants est privée des garanties de la Charte.
« N'allez pas croire que vos tribunaux, votre cour royale,
« vos justices de paix aient cessé de protéger vos propriétés
« et vos personnes. Il est vrai qu'ils n'existent plus que pour
« les bons citoyens ; mais vous êtes de ce nombre : ainsi
« rassurez-vous, *les amis des libertés publiques n'ont rien à*
« *craindre.* » Quel autre langage, je vous prie, ont jamais
tenu les Fouquier-Tinville? Ne disaient-ils pas aussi : Les
bons citoyens, les amis des libertés publiques n'ont rien à
craindre ; le tribunal révolutionnaire n'atteint que les cons-
pirateurs, les aristocrates ; la loi des suspects ne menace
que les prêtres réfractaires et les émigrés. Et n'ajoutaient-
ils pas, comme le *Journal des Débats* de ce jour : c'est pour
sauver les libertés de l'anarchie que le gouvernement est

obligé de recourir aux voies de rigueur. On ne conçoit pas
en vérité que les apologistes de la violence n'aient pas
trouvé mieux que ces honteux plagiats du comité de salut
public. Comment les hommes circonspects qui dirigent
cette feuille n'ont-ils pas senti qu'on pourrait, s'il arrivait
un jour de réaction, leur infliger, leur numéro du 8 juin
à la main, la juridiction exceptionnelle qu'ils défendent,
sans qu'il leur fût permis, comme à nous, de protester
contre l'injustice? . . . .

10 JUIN.

(La presse responsable d'événements qu'elle n'a pu prévoir et qu'elle
n'a pas désirés. — Appel à la modération.)

La guerre civile n'éclate pas inopinément dans une
grande capitale; elle ne met pas aux prises des intérêts
opposés sans décupler la puissance des passions qui se rat-
tachent à ces intérêts. Un garde national n'est pas tué ou
blessé dans une émeute sans que le coup n'atteigne deux
ou trois familles qu'il exaspère. Il faut respecter l'indignation de ces familles qui perdent un père, un mari, un
frère; il faut comprendre que leur deuil est matière excellente à exploiter pour les adversaires. Mais cette douleur,
ce deuil, qu'on veut chauffer tandis qu'ils sont récents,
constituent-ils un état de l'opinion publique assez calme
pour qu'on puisse se prévaloir, au profit de certains principes ou de certains systèmes de gouvernement, de l'explo-
sion générale qui réclame à grands cris l'ordre après
d'horribles combats? Non, on le sait très-bien, cette exal-
tation ne peut durer. Aussi se hâte-t-on de la faire parler,
de lui arracher toutes les fautes, tous les imprudents con-

sentements auxquels elle peut s'abandonner de premier mouvement.

Nous ne méconnaissons donc point la disposition la plus générale des esprits en ce moment ; nous savons qu'elle peut être, jusqu'à un certain point, favorable aux déclamations qui veulent mettre sur le compte de la presse des événements que la presse n'a ni désirés, ni prévus ; cependant pouvons-nous ne pas relever des accusations aussi déloyales que celles que nous adressent en ce moment les feuilles du pouvoir? Qu'il faille perdre à tout prix des adversaires qu'on ne veut plus voir devant soi, c'est à merveille. Profitez de vos avantages, apprenez-nous ce que c'est que la modération victorieuse. Mais ce que vous dites, vous ne le croyez pas. Vous savez aussi bien que nous que les journaux n'ont pas créé les opinions vives, mais qu'ils sont nés au contraire de ces opinions ; vous savez que loin d'exagérer les dissentiments, les désirs impatients qui pouvaient exister dans un grand nombre d'esprits, la presse n'en était souvent que la représentation pâle et insuffisante. . . . .

. . . . . . Comment ne pas comprendre que de malheureux et honnêtes ouvriers, que des jeunes gens aussi étrangers à tout sentiment terroriste qu'à toute alliance avec le carlisme, aient été entraînés à se jeter dans l'insurrection sans savoir ce qu'elle était, ni ce qu'elle tendait à établir?. . . . . .

. . . . . Sous un gouvernement né d'une insurrection populaire à laquelle viennent se joindre de proche en proche tous les intérêts élevés de la société, devrait-on s'étonner et s'indigner tant qu'il soit resté dans la portion du peuple et de la jeunesse habituellement la plus remuante quelques

souvenirs de juillet mal compris, quelques instincts confus
de sédition? La sédition est dans les mœurs de la population de toutes les grandes villes. Voyez ce qui vient de se
passer à Londres à propos du bill de réforme. Les amis de
la cour pouvaient dire aussi à lord Grey et à lord Brou-
gham : « Ce sont vos doctrines réformistes qui se traduisent en hurlements populaires contre le roi, contre la reine,
contre l'aristocratie. » Il n'y a pas de bonne cause qu'on
n'abandonnât s'il fallait parler de manière à n'être jamais entendu, compris, interprété et traduit par le peuple. C'est là
une des conditions de la publicité. Nos adversaires ont toujours pu nous attaquer quand nous réfutions. S'ils ont
réussi, de quoi se plaignent-ils, à moins qu'ils ne veuillent
plus de contradiction d'aucune espèce?

Que devient donc ce reproche qu'on nous adresse d'être
sortis de la constitution par nos discussions, et d'avoir
poussé d'autres à en sortir par la révolte? Ce n'est pas nous
qu'on attaque, c'est la liberté de la presse, qui n'est que
le droit illimité d'examen, et nous n'avons jamais usé que
de ce droit. On dit que sous la restauration on ne se per-
mettait pas de porter la discussion jusque sur le principe
même du gouvernement. C'est faux, et la légitimité n'a
succombé qu'après avoir été discutée longtemps, vivement,
et avec assez de succès pour que tous les esprits éclairés se
détachassent d'elle. . . . .

..... Beaucoup, nous l'osons croire, palpitèrent comme
nous en songeant à tant d'héroïsme, à tant de jeune sang,
de sang populaire, qui aurait si noblement coulé pour la
France, et qu'une indignation sans calcul, exaspérée par
les fautes redoublées du pouvoir, prodiguait en ces mo-
ments désespérés; il s'est dépensé là en courage, en dé-

vouement à je ne sais quelle idée, de quoi faire gagner des batailles à la civilisation sur les frontières. Tous furent braves des deux parts; mais il nous était permis de penser à ceux qui l'étaient sans issue et sans chance. En cette journée, pourtant, il y eut des hommes qui n'éprouvèrent point d'impression semblable à la nôtre ni à celle de la majorité des citoyens, lesquels, plus ou moins animés pour ou contre, obéissaient du moins à quelque chose de soudain et d'irrésistible. *Plusieurs conseillers guettaient l'heure et songeaient, eux, à en profiter dans des vues de pouvoir et d'animosité. Nous les voyons sortir du Palais, radieux et arrogants d'une funeste inspiration qu'ils y laissent.* Sur une boucherie encore fumante, ils rêvent, eux, des mesures d'exception *pour en finir*: irresponsables, ils poussent derrière le rideau le pouvoir, qu'ils veulent rendre plus que jamais solidaire de leur système; ils lui font signer en deux heures ce qu'ils n'ont jamais professé explicitement en dix ans de paroles et d'écritures.

. La mise de Paris en état de siège, promulguée le 7 juin, est un coup porté à l'esprit public qui l'avertit de ne pas rétrograder, et de rejoindre, à travers les douloureux événements de la veille, la suite des idées et des sentiments qui l'animaient le 6. . . . .

(Conseils de guerre. — État de siège. — Dictature.)

..... La magie des mots de constitution, de légalité, dont l'effet est toujours sûr quand on s'adresse à une classe nombreuse de la société, est désormais perdue. La France n'oubliera pas que la légalité du parti doctrinaire, quand il lui convient, c'est la jurisprudence des conseils de guerre; *que sa constitution, c'est la* DICTATURE. Qu'il se hâte donc de s'entourer du prestige de gloire et de grandeur, qui absout pour un temps de toutes les usurpations ; qu'il nous apporte bien vite son bulletin de Fleurus ou de Marengo ; car la Convention et Bonaparte ont su consoler la patrie, par des victoires, de la perte de ses lois.

11 JUIN.

(Encore la mise en état de siége de Paris.)

..... Ces hommes nous paraissent les plus exécrables imposteurs qui se soient jamais moqués de la conscience d'un pays. On a eu tort de les comparer aux terroristes de l'espèce de Fouquier-Tinville ; ils ne sont pas ignorants et sots comme l'étaient les premiers terroristes ; ils savent ce qu'ils font. Ils ont traversé quinze ans de régime légal sous la charte octroyée ; leur immoralité n'est pas celle d'êtres stupides et furieux ; c'est quelque chose de plus odieux. Ces hommes-là ne sont point emportés par la chaleur de leur tempérament ; leur haine est grave, polie, sentencieuse ; elle se possède, elle calcule, elle ne cherche pas les victimes aux hasard ; elle sait ne conseiller de la tyrannie que tout juste ce qu'il en faut pour laisser de côté ceux-ci et atteindre ceux-là, suivant l'importance présumée des uns et des autres. Nous en disons assez pour que les doctrinaires terroristes dont on a pu vouloir parler se reconnaissent ; ils ne sont pas parmi *les écrivains du Journal des Débats*.

Quant à ce qui est de l'approbation donnée à la mise en état de siége, nous ne l'attendions pas, il est vrai, *des écrivains du Journal des Débats*. La mise en état de siége est surtout attentatoire à la liberté de la presse, qui devrait être placée avant toutes les autres par des écrivains qui savent s'en servir. Oui, nous comptions voir la liberté de la presse défendue par le *Journal des Débats* contre l'état de siége, comme elle l'a été, dans une circonstance récente, contre les arrestations préventives. Ces arrestations détenaient provisoirement les écrivains ; la mise en état de siégè qui les fusille rétroactivement est une violation bien autrement audacieuse de cette liberté, que nous ne tenons pas du gouvernement, mais que nous avons imposée au gouvernement comme la condition *sine quâ non* de sa légitimité parmi nous. Appartient-il bien au *Journal des Débats* de dire qu'en gardant le silence sur l'inconstitutionnalité de la mise en état de siége, il croit appuyer la même cause qui a triomphé en juillet ? En juillet 1830, le *Journal des Débats* ne protesta point contre les ordonnances ; en juin 1832 il ne proteste pas contre la mise en état de siége de Paris ; il se tait sur l'application des rigueurs de la loi martiale à des délits commis sous l'empire d'une législation protectrice. Le *Journal des Débats* perd à jamais le droit de s'élever contre toute usurpation, de quelque part qu'elle vienne. Quant à nous, nous avons protesté contre les ordonnances de juillet, contre la mise en état de siége des départemens de l'Ouest, contre la violation toute récente de la charte de 1830 ; nous y sommes intéressés peut-être ; cependant, nous n'avons pas attendu les jours d'usurpation et de menace pour juger que nous défendions dans tous les temps, et contre quelque parti que ce soit, la liberté de discussion. Nous en renouvelons le serment. . . . .

..... Comment donc ose-t-on soutenir que les insurgés des 5 et 6 juin devaient connaître cette loi qui n'est nulle part écrite et formulée de façon à ce que *personne n'en*

10.

ignore, et qui, dans le peu qu'on sait, ou plutôt qu'en savent les jurisconsultes, viole ouvertement la constitution de l'État? Comment les malheureux ouvriers qui ont pris les armes *devaient-ils savoir* qu'il y avait encore un article 14, non pas dans la Charte de 1830, non pas même dans la Charte de 1814, mais dans des décrets impériaux et dans je ne sais combien de lois républicaines, dont on ressuscite ceci et dont on abroge cela, selon le bon plaisir?

L'individu qui commet un vol ou un assassinat ne peut pas prétexter cause d'ignorance, parce que la loi qui punit ces crimes est formelle. S'il ne la peut pas lire dans nos Codes, il la voit sanctionnée par des peines correctionnelles ou par la peine de mort. Les enseignements ne lui ont pas manqué; la loi est écrite sur les murs des prisons et sur la porte des tribunaux. Mais peut-on dire la même chose d'une mesure non définie, exorbitante, dont l'application est si rare qu'on n'a pas même pensé à coordonner ni à formuler la législation qui la gouverne? L'individu qui prend les armes contre un gouvernement ne peut pas non plus prétexter cause d'ignorance; mais ce n'est pas parce que ce gouvernement pourra exhumer des archives de législation à moitié abrogées, ou tombées en désuétude, une procédure quasi légale, ce qui équivaut à dire illégale; c'est parce que la loi a prévu clairement, nettement, les cas de rébellion à main armée et la pénalité qui s'y applique; c'est parce qu'il ne peut pas ne pas connaître cette loi, ou pour l'avoir lue dans nos Codes ou pour en avoir vu faire de sanglantes applications. Et certes, la législation qui a condamné Berton, les quatre sous-officiers de La Rochelle et tant d'autres braves égarés ou trahis avec tout l'appareil des garanties souvent trompeuses dont la Charte de 1814 entourait la personne des accusés, n'est-elle pas assez sévère pour qu'un malheureux qui s'insurge contre le gouvernement ne se croie pas obligé d'en prévoir ni d'en connaître une autre? Hé bien! lorsqu'il s'est exposé sciemment, de sa propre volonté, aux rigueurs d'une législation qui a fait tomber régulièrement tant de têtes, n'est-il pas inique de lui enlever le triste bénéfice de ces garanties? Ne trouve-t-on pas qu'il ait risqué assez en risquant sa vie, et n'est-il pas dérisoire que la loi déclare ne rien ajouter à ses chances d'être sauvé?

Qu'on nous dise, en second lieu, à quel signe l'individu qui s'insurge contre un gouvernement peut reconnaître que son action est de nature à provoquer la mise en état de siége de la localité où il se trouve? Est-ce à l'importance numérique des forces qu'on lui oppose? Est-ce au nombre des complices qui combattent sur le même point ou sur d'autres points que lui? Est-ce au degré de terreur ou d'antipathie politique qu'il inspire au gouvernement? C'est donc le gouvernement qui appréciera seul s'il est rebelle dans les limites du Code pénal, ou s'il est rebelle au degré d'une mise en état de siége; et, selon qu'on aura besoin de faire peu ou beaucoup d'éclat de son châtiment, on lui laissera ou on lui ôtera les garanties qu'il tient de la loi commune. Si la lutte avait cessé dans la soirée du 5 et que le gouvernement eût été maître le 6 au matin, la mise en état de siége n'était pas jugée nécessaire pour un désordre de quelques heures, les individus arrêté le 5 auraient été jugés d'après le Code pénal : la révolte dure douze heures de plus, et voilà les mêmes individus captifs qui se trouvent justiciables d'un conseil de guerre. Leur crime ne s'est pas aggravé des crimes du lendemain, nous dit-on, et je le crois bien, puisqu'ils étaient en prison, mais leurs garanties ne sont plus les mêmes, parce que, pour un

grand nombre des coupables, il faut une justice plus ex-
péditive. Vous voyez donc où cette doctrine nous mène !
Ainsi ce sera le nombre des accusés qui déterminera les
garanties de chacun ! Il n'y a rien dans les lois révolution-
naires qui se puisse comparer à l'invention de la rétroactivité de la mise en état de siége.

13 JUIN.

(Inconstitutionnalité par suite de la mise en état de siége.)

...Il est plus aisé de décréter l'arbitraire que d'en user !
Le vieux roi Charles X et les prisonniers de Ham ne doivent, en vérité, rien comprendre à ce qui se passe en
France aujourd'hui. Il doit leur sembler miraculeux que la
population parisienne, qui s'est soulevée tout entière à la
première lecture des ordonnances de juillet, supporte bé-
nignement, depuis plusieurs jours, la mise de Paris hors de
la constitution et du droit commun. Ils doivent bien amè-
rement persifler la légèreté de ce peuple, tantôt si jaloux,
tantôt si mauvais gardien de ses libertés ; ils doivent aussi,
et à plus juste titre, s'adresser à eux-mêmes de bien tristes
reproches et déplorer leur maladresse. En effet, s'il est
prouvé que Paris peut supporter qu'on lui inflige un régime
dont n'ont pas usé les plus mauvais temps de la Révolution
et de l'Empire, il faut que Charles X attribue la plus
grande part de ses malheurs à la malhabileté de sa conduite. Cette malhabileté fut prodigieuse, à la vérité ; mais
qu'il se console : lors même que les ordonnances de juillet,
promulguées dans des circonstances moins inopportunes,
n'eussent pas amené la réponse immédiate que chacun sait,
les imprudents signataires n'étaient pas au bout de leur

tâche. Ce n'est pas tout que de proclamer l'arbitraire, il faut pouvoir le pratiquer. Après avoir suspendu ou renouvelé la constitution, comme firent la Convention et l'Empire, il faut trouver autour de soi des instruments de despotisme militaire ou de terreur démagogique ; ces instruments n'existent plus. Aujourd'hui on ne peut faire de l'inconstitutionnalité que par surprise. . . . .

14 JUIN.

(La presse complice des fautes occasionnées par l'incapacité du pouvoir).

. . . . . Les manifestations publiques, qui auraient dû éclairer le gouvernement, l'irritèrent ; la guerre civile s'annonça menaçante dans l'Ouest et dans le Midi. A ce spectacle, tous ces signes de mécontentement, de souffrances, de divisions, que fallait-il faire ! Avertir le pouvoir ? Nous l'avons fait. Demander un changement de direction ? Nous l'avons fait. Ni les avertissements de la presse ni les plaintes de l'opinion n'ont été entendus. A l'avénement des ministres du 13 mars, nous avons poussé un cri d'alarme. Les sottises, les violences, les lâchetés menant au déshonneur ; le mépris des lois, de la Charte et le coup d'État, nous avons tout prévu, tout annoncé. Les yeux fermés, on s'est précipité dans un système impopulaire, et dont chaque jour révélait les effets désastreux. A mesure qu'ils se sont produits, nous les avons signalés ; nous avons dit ceux qui devaient suivre. On nous a fait constamment un crime de cette douloureuse prévoyance. Lorsque l'irritation qu'on a laissé s'accroître, comme à plaisir, éclate à la fin, on s'en prend à la presse, à l'opposition, et l'on s'écrie : « Vous êtes des complices. » Complices, nous, de vos fautes ! Que

n'avons-nous pas fait pour les prévenir? Non, vous êtes
seuls comptables des déchirements d'un pays que vous avez
reçu puissant, uni, plein de confiance, et qui est, dans vos
mains, divisé, affaibli, inquiet, ruiné; d'un pays qui depuis
dix-huit mois a été soumis sans interruption à votre système; que vous gouvernez, que vous administrez sans notre
concours; que vous avez trompé indignement en lui pro-
mettant tout ce que vous venez de lui ravir, la paix, le
maintien des lois et de la liberté!

(La presse, frappée d'interdit ou placée sous la menace des conseils
de guerre.)

. . . . . . On rappelle les partis au respect de la Charte;
mais qu'est-ce que la Charte, si on peut la mutiler, la suspendre, l'emprisonner pour quinze jours, pour un mois,
dans une ordonnance, sans autre nécessité que celle *d'en
finir*, comme on dit, *avec les vaincus?* Qu'est-ce que la
Charte, quand la presse peut être frappée d'interdit, ou
placée, pour une erreur, pour une méprise, sous la menace des conseils des guerre? Qu'est-ce que la Charte, enfin, quand le pouvoir prétend imposer silence même à
l'opposition parlementaire? . . . .

21 JUIN.

(L'incompétence des conseils de guerre ramenée à ses plus simples
termes.)

. . . . Il est impossible qu'un officier d'un grade
élevé, un chef de corps, ignore assez les lois de son pays
pour savoir que les gens de lettres et les citoyens non militaires ne sont pas légalement ses justiciables. Il y a des

subtilités qui peuvent étourdir un moment l'esprit, mais par lesquelles une conscience droite ne saurait se rassurer.

Non-seulement un officier qui s'est élevé assez par son mérite pour obtenir un commandement important, ne peut pas être excusable d'ignorer quand il est juge compétent et quand il ne l'est pas ; mais tout ce qu'il y a de senti-ments honorables en lui doit se révolter, quand on le charge de juger des concitoyens qui ne sont pas ses justiciables, et qu'il ne peut condamner qu'en leur appliquant rétroactive-ment des lois pénales qui n'existaient pas pour eux, au moment où le crime ou l'acte qualifié crime a été commis. « Je ne suis pas très-versé dans la connaissance des formes judiciaires, » a dit M. le colonel du 38ᵉ de ligne. Cela se conçoit d'un militaire qui a eu tout autre chose à appren-dre ; mais il n'y a pas un tambour de l'armée qui ne sa-che ce que c'est que la rétroactivité. Que fait-on autre chose que rendre hommage au grand principe de la non-rétroactivité, quand on inscrit sur le livre du soldat toutes les dispositions pénales du code rigoureux auquel il est soumis ; quand on l'oblige à en entendre la lecture dans sa chambrée une fois par semaine ; afin qu'il n'ignore pas ce qu'emportent avec eux les différents crimes ou délits dans lesquels il peut tomber, depuis le vol de la chambrée jus-qu'à la désertion à l'ennemi ?

Un soldat à qui l'on appliquerait une peine qui ne serait pas sur son livret, ou que l'on condamnerait en vertu d'une loi faite le samedi pour un délit commis le vendredi, et qui n'aurait été prévu par aucune loi, ou qui aurait été atteint par une peine beaucoup plus douce, sentirait à merveille ce qu'il y a de monstrueux et d'inique dans la rétroactivité. Et des hommes éclairés, investis de grades supérieurs. se-coueraient la tête et ne sauraient ce qu'on veut leur dire.

quand on leur oppose qu'on est pas leur justiciable, qu'on ne peut pas être atteint par la juridiction de l'état de siége pour des crimes ou délits commis un jour, huit jours, un mois avant qu'on pût prévoir que le régime illégal et violent de l'état de siége serait établi! Si nos officiers, membres ou présidents de conseils de guerre, n'étaient pas capables de s'élever jusqu'à des notions d'équité si simples, il faudrait leur demander ce qui leur a valu cette réputation d'intelligence qui les distingue entre tous les militaires de l'Europe.

25 AVRIL 1834.

(Lyon en état de siége en 1834.)

. . . . Pour ménager le sang du soldat, on défend à qui que ce soit, dans une ville de deux cent mille âmes, de sortir de chez soi jusqu'à ce que les six ou sept cents insurgés aient été tous pris ou tués. Si un homme, une femme, entr'ouvrent une fenêtre, insurgés ou non, on fait feu dessus. Les portes une fois fermées, on n'en sortira sous aucun prétexte, pas même pour aller chercher à manger, pour aller puiser de l'eau à la Saône ou au Rhône.

Dans ces jours-là, l'habitant ne doit avoir ni faim ni soif, le soldat est pourvu de tout en abondance, et la sûreté du soldat veut qu'on tue sur place quiconque aura paru dans une rue pour aller chercher à manger ou à boire, non pour lui peut-être, mais pour une femme ou de jeunes enfants. Si les insurgés se sont établis sur le toit d'une maison, tant pis pour les habitants, fussent-ils les meilleurs amis du gouvernement. On ne peut pas envoyer le soldat se battre corps à corps avec les insurgés; il est plus simple d'écraser la maison sous le poids des bombes, de l'incendier avec des obus, et si, par miracle, elle résiste, d'y attacher le pétard, et d'enterrer deux ou trois familles sous ses ruines, le tout pour ménager le sang du soldat.

Voilà comme on a traité Lyon. Et combien il s'en faut que le tableau de ces horribles traitements soit complet! Tout a été excusé dans des relations semi-officielles par cette grande nécessité de ménager le sang du soldat. Cela prouve que quand on gouverne par une armée, il faut aussi gouverner pour elle. Mais la question que nous soulevons ici mérite qu'on y réfléchisse, et pour ne parler que des moyens légaux de mettre fin à un état de choses si injurieux pour la nation qui le supporte, c'est aux électeurs, dirons-nous, presque tous grands propriétaires, négociants, chefs de familles, de considérer s'il est bien de leur intérêt de soutenir de leurs votes un système qui a besoin de livrer de temps en temps des batailles à ce qu'il appelle l'anarchie, et qui explique ensuite tous les sacrifices faits à la nécessité de vaincre, en disant qu'il fallait bien bombarder quelques maisons, enterrer, brûler, faire sauter quelques familles, le tout pour ménager le sang du soldat.

11

LIBERTÉ DE LA PRESSE.

1834 — 1835

EXTRAITS DU *NATIONAL*.

> La censure mutile, mais elle n'empri-
> sonne pas et ne ruine pas.
> *National*, 5 avril 1834.

---

15 AVRIL 1834.

(Du retrait du brevet de l'imprimeur de la *Tribune*.)

Nous avons annoncé que les scellés avaient été apposés
sur les presses de la *Tribune*, et que l'imprimeur du
journal, M. Mie, avait été privé de son brevet : la *Tribune*
s'est trouvée, par suite de ces mesures dont le pouvoir n'a
même pas pris la peine de démontrer la légalité, dans l'impossibilité de paraître. Le rédacteur en chef de la *Tribune*,
M. Marrast, désire que nous nous rendions, auprès de ses
abonnés, les organes des motifs qui l'obligent à suspendre
momentanément sa publication. Nous aurions voulu qu'il
nous fût possible de faire davantage, et de mettre nos
presses à la disposition d'un journal que le ministère a voulu
tuer à la faveur des circonstances. Il nous a été douloureux

de ne pouvoir, en cette occasion, venir au secours d'un confrère dont l'assistance courageuse ne nous a manqué dans aucune de nos luttes; mais nous manquions des moyens matériels nécessaires à la composition et au tirage des deux journaux.

Voici la lettre que nous écrit M. Marrast :

« Si je n'écoutais que mes sentiments personnels, je ne viendrais pas entretenir le public des attentats du pouvoir envers la *Tribune*.

« Mais c'est un fait bien grave, dans l'intérêt même de la liberté, que la suppression violente d'un journal qu'on avait vainement essayé de tuer par 96 procès.

« Je ne sais comment la presse accueillera cette brutalité fructidorienne; ce que je sais bien, c'est toute la portée qu'il y a dans un tel précédent. Par cela seul qu'on a pu atteindre l'opposition la plus complaisante, le temps prouvera de quel côté était l'agression. Aujourd'hui, la cause est trop palpitante et les esprits trop aveuglés.

« Ce que je demande à votre obligeance, c'est de faire connaître au public qu'après avoir arrêté au hasard dans nos bureaux toutes les personnes qui s'y trouvaient, et après avoir mis sous le scellé jusqu'aux bandes des adresses ils ont hier encore posé les scellés sur les presses de M. Mie ; qu'ils l'ont enfin envoyé en prison où était déjà M. Rivail, son associé ; M. Sarrut a été pris dans son domicile, où il était entré en passant, et l'on s'est emparé de lui par une sorte de guet-apens.

« Malgré toutes ces persécutions j'aurais continué à publier la *Tribune*, si j'avais pu trouver un imprimeur. Depuis deux jours, toutes les démarches que j'ai fait faire, dans l'état d'isolement où le pouvoir m'a jeté, ont été inutiles. Je n'ai pu rencontrer aucun imprimeur qui ait osé imprimer même un avis à nos abonnés avec ce titre : la *Tribune*. C'est un des bienfaits du monopole de rendre le courage civil aussi commun parmi les 80 imprimeurs brevetés dans la capitale du monde civilisé.

« J'espère, monsieur, que vous sentirez combien il m'importe, surtout en ce moment, de faire savoir que si nous avons quitté la brèche, c'est qu'il nous est physiquement impossible de soutenir le combat. Jamais je n'ai eu, pour ma part, plus de confiance en nos principes, plus de foi dans notre cause que depuis ces derniers jours où le pouvoir a déployé toutes les ressources d'une grande armée, et toutes les violences de l'arbitraire pour obtenir une si mince victoire.

Signé : ARMAND MARRAST.

Voici le procès-verbal qui constate la double violation sous laquelle la *Tribune* a dû momentanément succomber :

« L'an mil huit cent trente quatre et le 13 avril, à cinq heures de relevée.

« Nous Pierre Nicolas Masson, commissaire de police de la ville de Paris, chargé de délégations judiciaires. En vertu et pour l'exécution d'un mandat de M. le conseiller d'État préfet de police, en date de ce jour, par lequel nous sommes requis de nous transporter au domicile de M. Mie, imprimeur, rue Joquelet 9, à l'effet de notifier à ce dernier un arrêté de M. le ministre de l'intérieur en date de ce jour, dont la teneur suit :

MINISTÈRE DE L'INTÉRIEUR. — *Arrêté.*

« Le ministre secrétaire d'État au département de l'intérieur,

« Considérant que le sieur Mie, imprimeur, a été convaincu de contraventions aux lois et règlements relatifs à l'imprimerie, et qu'il a subi des condamnations pour ces faits ;

« Vu l'art. 12 de la loi du 2 octobre 1814,

« Arrête :

« Art. 1er Le brevet d'imprimeur du sieur Mie est retiré.

« Art. 2. Il lui est interdit de faire aucun usage de ses presses, sur lesquelles les scellés seront apposés, si besoin est.

« Le préfet de police est chargé de l'exécution du présent arrêté.

« THIERS. »

14 AVRIL.

(Des mesures prises contre la *Tribune.*)

A prendre séparément les rigueurs judiciaires et admi-
nistratives dont la *Tribune* a été l'objet dans ces derniers
jours, il n'en est pas une peut-être qui ne trouve sa justification dans le texte d'une législation combinée au profit
du pouvoir et en méfiance de la liberté; mais l'ensemble
de ces mesures constitue une véritable usurpation; c'est
la suppression complète, irrévocable d'un journal, c'est
cent fois pis que la censure.

Qu'on rapproche, en effet, tous les actes de l'autorité:
samedi soir, une perquisition infructueuse dans les bureaux
du journal est terminée par une apposition de scellés sur
toutes les portes; en même temps les deux rédacteurs en
chef sont frappés de mandats d'arrêt et forcés de choisir
entre la fuite et de le séjour de Sainte-Pélagie. Le lendemain, on notifie à l'imprimeur le retrait de son brevet, et
ses presses sont mises sous les scellés. Si ce n'est pas là le
régime préventif dans toute sa nudité, nous ne savons plus
ce qui pourra mériter ce nom. Employer les scellés, les
mandats d'arrêt et l'interdiction de la presse contre une
publication déjà accablée sous le poids des amendes et des
années d'emprisonnement, c'est demander à la violence ce
qu'on n'avait pas la patience d'attendre de l'action régulière des lois pénales, appliquées par des juges dont les
dispositions n'étaient pourtant pas suspectes.

En insistant sur un fait aussi grave, nous n'obéissons pas
seulement à l'intérêt si naturel que nous inspire le journal
que vient d'étouffer cette proscription inouïe. Le ressentiment du coup qui a frappé la *Tribune* ne doit pas se

11.

borner au cercle déja si étendu des lecteurs de cette feuille, des nombreux citoyens dont les souscriptions, aussi persévérantes que les persécutions du parquet, encourageaient le zèle désintéressé et le dévouement de ses rédacteurs. Il faut voir dans ce premier exemple la destinée de toute la presse indépendante ; il faut se demander quelle sécurité elle peut trouver encore dans un régime qui permet de couvrir d'une apparence de légalité des conséquecnes aussi révoltantes.

Ils avaient, on ne saurait trop le répéter, une remarquable prévoyance de l'avenir, ces hommes aujourd'hui pour la plupart en possession du pouvoir, qui, dans les premiers jours de la révolution de 1830, se sont opposés, sous des vains prétextes, à la réforme complète de la législation sur la presse, et notamment de la loi de 1814 sur la police de l'imprimerie. Ile savaient bien mieux que personne quel trésor d'arbitraire ils se ménageaient, et ils recueillent à présent les fruits de leur prudence et de l'aveugle confiance des amis de la liberté. Chaque jour nous révélait quelque empêchement apporté à la création des journaux de département par les refus des imprimeurs existants et par l'impossibilité d'obtenir des nouveaux brevets. La suppression de la *Tribune* nous montre aujourd'hui avec quelle facilité le ministère peut, à Paris même, jeter son interdit sur toutes les presses assez hardies pour servir à la publication d'une feuille odieuse au pouvoir. En suivant avec persévérance ce système d'envahissement, il n'y a pas de raison pour que tous les journaux indépendants ne soient pas atteints les uns après les autres, pour que les écrivains ne se voient pas réduits, suivant l'énergique expression de B. Constant, à la condition d'hommes qui prétendraient labourer sans charrue ou naviguer sans navire.

Voilà le parti que d'habiles gens savent tirer d'un article
de quelques lignes placé dans une loi hostile à la presse,
et qui crée , tout exprès pour l'entraver, des contraventions multipliées auxquelles l'imprimeur le plus vigilant
peut difficilement se promettre d'échapper. Certes, avec
de pareilles ressources et une telle hardiesse à les mettre
en œuvre, il faudrait une grande avidité d'arbitraire pour
demander des mesures extraordinaires contre la publicité.
Les lois existantes suffisent à tous les besoins de la politique, à tous les ressentiments de la vanité blessée, et un
ministère où siègent à la fois le rédacteur de la loi de 1814
et le rapporteur de la loi sur les associations, est capable
de découvrir encore, dans la législation actuelle, bien des
ressources cachées dont les esprits ordinaires ne s'avi-
seraient pas.

17 AVRIL.

(Les barricades prohibées par le gouvernement de Juillet.)

N'est-il pas triste que la royauté des barricades soit
réduite à demander une loi préventive spéciale contre les
barricades qui peuvent un jour la renverser?

Un ministère d'hommes de Juillet, une royauté qui s'est
longtemps proclamée citoyenne, et de qui l'on dit tous les
jours encore qu'elle est issue des barricades, sont tombés
dans une position assez désespérée pour être obligés de
créer des catégories de crimes dont on n'avait pas l'idée
avant eux.

Crime d'avoir chez soi des armes de guerre.

Crime de porter sur soi des armes cachées en temps
d'agitation.

Crime de paraître dans la rue, et de s'y livrer à quelque résistance que ce soit contre la force publique.

Crime de contribuer de ses mains à élever des barricades et à dépaver les rues, même pour résister à l'illégalité.

De deux choses l'une : ou ce sont là des crimes de circonstance, ou ce sont des crimes de tous les temps. Si ce sont des crimes de circonstance, le gouvernement qui les défend, les qualifie, les atteint et les punit, est un gouvernement de transition, d'exception, de passage. Si ce sont des crimes de tous les temps, le gouvernement de Juillet doit son existence à des hommes qui auraient mérité la mort, les travaux forcés, la flétrissure, la détention à perpétuité, pour avoir eu des armes de guerre, pour avoir porté ces armes sous leurs habits, pour s'en être servis contre la garde royale, pour avoir élevé des barricades contre un gouvernement établi.

Il est très-certain que la restauration eût déclaré criminels tous ces actes si elle eût vaincu en juillet, et que M. de Peyronnet eût proposé exactement la même loi que M. Persil. Le gouvernement du 7 août est donc aujourd'hui exactement dans la même position où se serait trouvé Charles X s'il eût vaincu, et la révolution est non seulement condamnée, mais confisquée.

29—30 JUILLET 1835.

(Arrestation de M. Carrel.)

M. Carrel a été arrêté ce matin, à quatre heures, dans son domicile, en vertu d'un mandat signé *Gisquet.* Conduit à la préfecture de police, il a été mis au secret, et c'est ce

soir à dix heures seulement qu'il à subi un premier interrogatoire. Peu après, on l'a transféré à Sainte-Pélagie, où
il a été écroué sous mandat de dépôt.

Nous ne savons de quel prétexte on cherchera à colo-
rer cette arrestation; tous ceux qui connaissent M. Carrel
n'y verront qu'une lâche et ignoble injure à son caractère.
Nous en appelons à la bonne foi de ses ennemis eux-
mêmes.

31 JUILLET.

(La liberté de la presse, à propos de l'attentat Fieschi.)

Depuis longtemps, la liberté de la presse, qui est le
pivot de tout gouvernement libre, gêne les hommes qui
administrent la France; depuis longtemps, ils la menacent,
et ils cherchent une occasion où ils puissent en sûreté y
porter atteinte. Ils espèrent que la commotion morale
qu'ont donnée les meurtres du 28 juillet leur laissera la
faculté d'accomplir des projets longuement médités. C'est
ainsi que la Restauration profita de l'assassinat du duc de
Berry pour obtenir des lois qui lui permissent de se livrer
à ses penchants et à son système. Elle obtint tout; mais
quel fut le résultat définitif de ses succès contre-révo-
lutionnaires?

L'attentat du 28 juillet suggère certainement de graves
et tristes réflexions; mais, chez certaines gens, cette disposition a fait aussitôt place au désir d'exploiter le sang
versé et l'émotion générale. Accuser la liberté de la presse
et les autres garanties qui nous restent encore, des meurtres
qui viennent d'être commis, est d'une insigne mauvaise foi,
et ceux qui invoquent le plus haut de pareils arguments

s'y trompent moins que personne. Il n'est pas une seule
des raisons mises par eux en avant qui ne puisse être
rétorquée ; il n'est pas un des événements malheureux qui
ont affligé la France depuis cinq ans qui ne puisse être
logiquement imputé aux actes mêmes du gouvernement
avec bien plus de justice qu'au régime de liberté toujours
contestée sous lequel vous vivons.

5 AOUT.

(Liberté de la presse.)

Livrés au caprice des inquisiteurs de la pensée , nous
avons tout intérêt à ce que ce caprice s'exerce préventive-
ment plutôt que répressivement. La censure mutile, mais
elle n'emprisonne pas et ne ruine pas.

6 AOUT.

- Cependant, et quoique le nouveau régime répressif soit,
en apparence, uniquement dirigé contre nous , nous ne le
craignons pas plus que d'autres ; il ne nous tuera pas. Il
dépendra entièrement de nous de vivre sous cette législation nouvelle comme sous celle qui existe aujourd'hui ; et
nous garantissons d'avance à nos lecteurs que le *National*
existera et continuera sa mission , parce que le plus grand
déplaisir qu'il puisse causer à ses adversaires, c'est d'exister, c'est de continuer la discussion au degré de liberté qui
sera permis, c'est de demeurer sous la direction de ses rédacteurs actuels.

Les auteurs des nouveaux projets contre la presse n'ont
pas dit leur véritable pensée. Ce n'est pas tant à la liberté

de discussion qu'ils en veulent, qu'aux réputations de persévérance et de probité politique que la discussion a vu se former depuis cinq ans.

C'est le propre de la persécution, de grandir ce qui lui résiste, ce qu'elle n'abat pas. La persécution a donné, depuis cinq ans, à un certain nombre d'écrivains, une puissance personnelle, dont on ne peut plus les dépouiller, qu'en faisant une loi qui leur défende nominativement d'écrire, ou qu'en leur coupant la tête ; car, en prison, ils écriraient, et de Cayenne ou de Sinnamari, on entendrait quelquefois encore parler d'eux.

12 SEPTEMBRE.

(Appel fait en faveur de la presse.)

Nous avons toujours dit que nous aimerions mieux, pour notre pays, une monarchie libre qu'une république sans liberté, et que les garanties politiques passaient, pour nous, avant les questions de forme et d'organisation gouvernementale . . . .

. . . .

La France est réduite aujourd'hui à défendre contre le pouvoir qu'elle a institué, les libertés dont elle s'était réservé la pleine et inaliénable jouissance. Cela réunira nécessairement toutes les oppositions contre les renégats qui ont osé porter la main sur l'héritage de nos cinquante années de révolution.

On pourrait résumer les lois d'intimidation contre la presse dans ces deux mots : « Il est ordonné à toutes les « opinions, sous peine de mort, de ruine ou de déporta- « tion, de se réunir contre les ministres dits doctrinaires,

« de ne se livrer à aucune distraction jusqu'à ce que ce mi-
« nistère ait succombé sous l'effort commun. »

Jamais injonction n'aura été obéie de meilleur cœur, jamais loi violente n'aura mieux répondu aux intérêts et aux
intentions de ceux qu'on prétendait abattre.

17 OCTOBRE.

Le gouvernement qui entraverait la liberté de la presse,
au lieu d'établir des lois contre ceux qui en abusent; qui,
comme Bonaparte, ne laisserait aux auteurs des feuilles
périodiques que la faculté de louer tous les actes de son administration, ressemblerait au pilote qui voudrait que tous
les baromètres fussent insensibles aux impressions diverses
de l'atmosphère, fussent toujours au beau fixe, et briserait
ceux qui annonceraient les tempêtes. Les tempêtes n'arri-
veraient pas moins; mais le pilote, surpris, n'aurait pas le
temps d'exécuter les manœuvres nécessaires pour les braver,
et, faute d'avoir été instruit à temps, le vaisseau courrait
risque de sombrer sous voiles.

51 OCTOBRE.

(Liberté de la presse. — Réponse aux plaisanteries des *Débats* à propos
des lois de septembre.)

Il fallait à tout prix, au *Journal des Débats*, des lois im-
pitoyables, des lois qui sauvassent l'ordre moral, et ôtassent
la parole à la mauvaise presse. Le *Journal des Débats* a eu
ces lois; elles sont telles, qu'attaquer le gouvernement à
main armée serait presque un moindre péril aujourd'hui,
et un moindre crime, que d'imprimer ce qu'on pense de

lui. Si donc la presse ne dit plus ce qu'elle pense ; si elle est condamnée à s'occuper d'objets et d'hommes que le *Journal des Débats* méprise avec raison , cela n'est rien moins que plaisant.

Nous voudrions voir le *Journal des Débats* à notre place ; dans l'opposition contre un gouvernement qui, sous peine de mort ou de déportation, ne lui permettrait pas de laisser voir sa pensée ; ou plutôt, nous avons connu le *Journal des Débats* dans une situation presque semblable ; nous l'avons vu, sous la Restauration, censuré par les commis de M. de Villèle : il n'avait pas autant d'esprit qu'aujourd'hui. Et cependant, il faut rendre justice à qui elle appartient, la censure avouée de M. de Villèle était moins odieuse que le régime d'intimidation apporté par ces hommes, que le *Morning-Chronicle* appelle d'exécrables pédants. Nous aimons mieux un gouvernement qui s'arme d'un ciseau et vous censure hardiment par ses agents, que celui qui vous condamne à un suicide de chaque matin , en disant que vous êtes bien libre de vous faire envoyer à Sinnamari, si vous avez des vérités à publier qui méritent ce grand sacrifice. .

. . . .

Le *Journal des Débats* doit savoir, par sa propre histoire, jusqu'où peut aller le ressentiment contre tout système intimidateur, qui ôte aux opinions la liberté de se produire. Nous ne devons pas être aujourd'hui plus risibles que le *Journal des Débats* ne l'était, il y a vingt ans, sous l'oppression impériale. La taciturnité forcée qui naît de l'oppression n'est jamais plaisante. Pour se taire , on ne sent pas moins.

A M. DE CHATEAUBRIANT.

« Je me demande souvent avec tristésse à quoi auront
servi des écrits tels que les vôtres, monsieur, tels que ceux
des hommes les plus éminents de l'opinion à laquelle j'ap-
partiens moi-même, si de cet accord des plus hautes intelligences du pays dans la constante défense du droit de discussion, il n'était pas résulté enfin, pour la masse des esprits
en France, un parti désormais pris de vouloir sous tous
les régimes, d'exiger de tous les systèmes victorieux,
quels qu'ils soient, *la liberté de penser, de parler, d'é-
crire, comme condition première de toute autorité légiti-
mement exercée?* N'est-il pas vrai, monsieur, que lorsque
vous demandiez, sous le dernier gouvernement, *la plus entière liberté de discussion*, ce n'était pas pour le service
momentané que vos amis politiques en pouvaient tirer dans
l'opposition contre des adversaires devenus maîtres du pouvoir? Quelques-uns se servaient ainsi de la presse, qui l'ont
bien prouvé depuis ; mais vous, *vous demandiez la liberté
de discussion, comme le bien commun, l'arme et la protection générale de toutes les idées vieilles ou jeunes*. C'est là ce
qui vous a mérité, monsieur, la reconnaissance et les res-
pects des opinions auxquelles la révolution de juillet a ouvert une lice nouvelle. C'est pour cela que notre œuvre se
rattache à la vôtre ; et lorsque nous citons vos écrits, c'est
moins comme admirateurs du talent incomparable qui les a
produits, que comme aspirant à continuer la même tâche,
jeunes soldats d'une cause dont vous êtes le vétéran le plus
glorieux.

Ce que vous avez voulu depuis 50 ans, monsieur, ce que
je voudrais, s'il m'était permis de me nommer auprès de

vous, c'est d'assurer aux intérêts qui se partagent notre belle France, une loi de combat plus humaine, plus civilisée, plus fraternelle, plus concluante que la guerre civile, et il n'y a que la discussion qui peut détrôner la guerre civile.

Quand donc réussirons-nous à mettre en présence des idées à la place des partis, et les intérêts légitimes et avouables à la place des déguisements de l'égoïsme et de la cupidité? Quand verrons-nous s'opérer, par la persuasion et par la parole, les inévitables transactions que le duel des partis et l'effusion du sang amènent aussi par épuisement, mais trop tard pour les morts des deux camps, et trop souvent pour les blessés et les survivants? Comme vous le dites douloureusement, il semble que bien des enseignements aient été perdus et qu'on ne sache plus en France ce qu'il en coûte de se réfugier sous un despotisme qui promet silence et repos. Il n'en faut pas moins continuer de parler, d'écrire, d'imprimer ; il faut quelquefois des ressources bien imprévues de la constance. Aussi, de tant de beaux exemples que vous avez donnés, monsieur, celui que j'ai le plus constamment sous les yeux est compris dans un mot : Persévérer.

Agréez, monsieur, les sentiments d'inaltérable affection avec lesquels je suis heureux de me dire,

Votre plus dévoué serviteur,

A. CARREL. »

―――――

« Tous les gouvernements, depuis trente ans, ont eu cette haine malheureuse de la discussion ; tous ont cru qu'il était impossible de faire les affaires en les discutant ; *que le plus visible attribut de la force c'était de n'être pas contredit.*

« . . . . . Serons-nous donc toujours destinés à voir passer et se succéder aux affaires des hommes qui, en arrivant, renient leurs doctrines pour ne plus les retrouver que le lendemain d'une chute rendue coûteuse au pays par leur opiniâtreté? C'est à nous... à vouloir enfin que la liberté de la presse devienne une liberté sérieuse, et elle le sera si notre courage civique se montre à la moindre atteinte qui outrerait les rigueurs d'une législation déjà fort dure. Mais ce n'est pas tout de vouloir aujourd'hui cette liberté qui nous est utile, *il faudra la vouloir dans tous les temps pour nos adversaires* comme pour nous, c'est-à-dire quand elle nous combattra. C'est ainsi que l'entendent, j'ose le dire, tous les écrivains qui se sont joints à moi pour repousser l'arrestation préventive. *Nous avons tous pris cet engagement d'honneur avec l'avenir, qui nous appartient et nous éprouvera.* » A. CARREL (1).

_____

(1) Procès du *National* au sujet des arrestations préventives pour délits de la presse. Plaidoyers de MM. Odilon Barrot, Charles Comte et Armand Carrel. Chez Paulin, éditeur, 1832.

COMPLICITÉ MORALE.

1841

EXTRAITS DU *NATIONAL*.

> Ah! certes, ils seront bien venus main-
> tenant de dénoncer la violence de leurs
> ennemis! Quelle violence égale la leur, et
> qu'on nous dise si jamais un pouvoir a
> jusque-là poussé le cynisme de la haine.
> *National,* 10 novembre 1841.

---

9 SEPTEMBRE 1841.

(Attentat Quénisset. — Mesures prises contre la presse. — Arrestation
de Dupoty, etc.)

« Notre conviction profonde, la voici en un mot : c'est
« que le jour où l'on abolirait les lois de septembre, nous
« ne serions pas loin de la censure ou de quelque chose de
« pis que la censure. »

C'est en ces termes que le journal de la cour termine un
long article en l'honneur de cette législation exceptionnelle qui naquit aux plus mauvais jours d'une réaction
furieuse. Nous avons enfin l'aveu naïf des bonnes intentions
du système envers la presse. *Ou les lois de septembre ou la
censure, ou quelque chose de pis que la censure;* c'est-à-dire
la destruction expresse de toute liberté d'écrire.

12.

Ceci est net et précis et nous en prenons acte ; mais que les *Débats* portent aussi notre réponse à leurs patrons.

Il y a un peu plus de onze ans, il y avait au pouvoir un roi et des ministres qui se figurèrent que, malgré la Charte et malgré les institutions, ils pouvaient impo-er à la presse et au pays *quelque chose de pis que la censure.* L'expérience fut faite, la presse répondit au défi, et trois jours après les faiseurs d'ordonnances étaient ignominieusement chassés du pays.

Si le système a oublié cette histoire, nous prenons la liberté de la lui rappeler ; et s'il veut recommencer, s'il rêve encore *la censure ou quelque chose de pis,* qu'il se passe sa fantaisie. Peut-être nous fournira-t-il l'occasion d'avoir la nôtre.

Quels qu'aient été, quels que puissent être à l'avenir nos débats avec *la Presse,* nous devons lui rendre la justice de dire qu'elle n'a, du moins, jamais provoqué ni excusé les violences et la persécution du pouvoir envers les journaux. Elle n'a jamais non plus approuvé ou défendu les lois de septembre. . . . .

. . . . Nous demandons à M. Martin (du Nord) de croire qu'il peut y avoir un peu plus d'adresse et de logique dans une réfutation du *National* par *la Presse,* que dans cette espèce de gourdin nommée *saisie,* dont il a si brutalement armé ce qu'il appelle très-improprement sa *main de justice.*

21 SEPTEMBRE.

. . . . . Quelle misère ! quelle pauvreté dans ces sots plagiats de tous les pouvoirs condamnés par l'opinion publique : Est-ce qu'il n'y a pas 25 ans que l'on redit les mêmes imprécations contre la presse; est-ce que ce n'est pas la presse qui a fait l'insurrection de Didier en 1816; toutes les conspirations de 1817 à 1820? Est-ce que ce n'est pas la presse qui a créé Louvel et tué le duc de Berry? Est-ce que ce n'est pas la presse qui a été coupable de toutes les attaques dont s'est plaint la branche aînée? Celle-ci a eu pourtant la censure; elle a eu des échafauds; elle a fait tomber bien des têtes! Qui avait tort, au fond, de la presse ou de la branche aînée? La Restauration voulait-elle bien réellement la Charte, les institutions garanties par la Charte? Voulait-elle, non pas développer, mais seulement tolérer ces idées, ces habitudes, ces besoins nouveaux, ces forces nouvelles qui avaient été créés par la révolution?

Non assurément; et quand la presse le disait et le prouvait, la presse était une *baliste, un poison, un charbon qui noircissait quand il ne brûlait pas*. Nous ne datons pas d'aujourd'hui pour ces luttes; nous avons lu et entendu, Dieu merci! assez de déclamations furibondes contre la presse de la Restauration; nous avons assisté à d'assez monstrueux procès, nous avons vu les mêmes accès d'emportement et les mêmes extravagances contre les écrivains et les écrits.

La fin, la connaissez-vous? Quand l'opinion publique a été convaincue que le pouvoir voulait tuer la presse, savez-vous ce qu'a fait l'opinion? Savez-vous pour qui elle a pris parti? Savez-vous comment la presse a compris ses devoirs, comment elle les a remplis?

Nous connaissons toute la force que vous donne la législation existante, mais nous savons aussi que si vous avez dans les mains les moyens les plus terribles pour contenir, le législateur n'a pas voulu vous donner ceux de confisquer. La confiscation est abolie par la Charte et ne peut pas plus être rétablie que la censure. Si donc vous voulez sortir de la Charte, le devoir de la presse tout entière est de vous y ramener; notre devoir, à nous, sera de demander à toutes les lois une garantie quelconque, un moyen de réparation contre ces abus de pouvoir qui donnent à vos persécutions injusticiables un véritable caractère de spoliation et de destruction.

25 SEPTEMBRE.

. . . .

Voilà cinquante ans qu'à travers tous les gouvernements et toutes les révolutions, le pays aspire à conquérir la liberté de la presse. Les mœurs la réclament, l'état de la société la rend nécessaire, les partis vainqueurs eux-mêmes qui veulent aujourd'hui l'affaiblir ou la détruire, sont trop heureux de la retrouver au jour où ils sont vaincus. La Charte l'a instituée; toutes les autres libertés sont sans vigueur, sans garantie, sans durée possible, si celle-ci leur manque.

Comment se fait-il donc que nous en soyons encore à lutter, à combattre, pour soutenir, protéger le droit que nous avons d'exprimer publiquement notre pensée?

30 SEPTEMBRE.

. . . .

Ceux-là qui réclament l'institution des tribunaux politiques, qui veulent la dictature, qui rêvent la destruction de la presse, ne sont pas seulement de mauvais citoyens, ce sont tout bonnement des imbéciles. Tribunaux politiques, dictature, censure, n'ont jamais sauvé les pouvoirs condamnés.

10 NOVEMBRE.

..... Chaque jour nous faisons effort sur nous-mêmes pour modérer l'indignation et le dégoût que nous inspirent les ignominies dont nous sommes les témoins impuissants. Nous savons avec quelle ardeur on recherche tout ce que notre polémique peut avoir de passionné pour s'en faire une arme contre notre cause.

Ici *le National* raconte qu'on a saisi le gérant de *l'Émancipation*, le rédacteur en chef de *l'Aspic*, le gérant de *l'Utilitaire*, et ajoute :

....Qu'espérez-vous donc de ces infamies, haïsseurs stupides? Est-ce donc pour le seul plaisir de torturer des adversaires désarmés que vous vous abandonnez ainsi sans pudeur aux aveugles conseils d'une rancune intraitable.

..... Ah! certes, ils seront bienvenus, maintenant, à dénoncer la violence de leurs ennemis! Quelle violence égale la leur, et qu'on nous dise si jamais un pouvoir a jusque-là poussé le cynisme de la haine? Un de leurs journaux s'indignait ce matin de la férocité de ce général espagnol qui voulait faire fusiller par derrière un partisan pris les armes à la main. Ce journal avait raison : dans les guerres civiles, il peut être permis de fusiller son ennemi, les lâches seuls osent ajouter au meurtre les apparences du déshonneur. Et que font-ils cependant? pis peut-être que ce Zurbano, qu'ils flétrissent. Ayez donc le courage de vos criminelles rancunes! Ne comptez plus sur l'air empoisonné des cachots, qui peut n'être pas suffisamment efficace sur de robustes constitutions.

.... Mais vous avez mal calculé, sophistes sans cœur. L'opinion publique discernera parmi les bourreaux et les victimes ceux qu'elle doit flétrir : vous serez flétris comme le furent les ignobles bourreaux de Magallon, et nous vous l'affirmons !

Quand viendra le jour des redressements, il ne se trouvera pas une voix pour laisser tomber sur votre tête pâle de peur l'héroïque pardon de Pym.

.... Nous avons raconté ce matin, d'après *le Journal du Peuple*, les incroyables motifs de l'arrestation de M. Dupoty. On voit, par là, ce que c'est que cette justice de la cour des pairs et sur quels vains prétextes il est possible aujourd'hui, en France, de retenir un citoyen pendant 32 jours au secret sans compter les jours qui suivront.

On découvrira peut-être quelque chose, dit-on ! Ah ! vraiment ! on découvrira *peut-être !* Quelle est donc, s'il vous plaît, aujourd'hui, la personne la plus étrangère à la République sur le compte de laquelle on ne découvrirait pas *peut-être* quelque chose en cherchant bien ?

Mais non, vous le savez, — vous n'avez rien à découvrir. Tout ce que vous saurez, vous le savez. Comme votre prisonnier n'avait rien à dissimuler, — en ce qui le concerne, — il vous a tout dit, vous savez tout.

Que signifie donc aujourd'hui la prolongation inouïe de ce secret? Ce quelle signifie? le voici : Vous avez honte vous-mêmes de l'acte odieux et arbitraire que vous avez commis; vous n'osez pas avouer avec quelle insolence vous vous jouez de la liberté des citoyens, et vous espérez toujours que de votre odieuse procédure rejaillira quelque souillure sur la presse. Vain et misérable calcul! Conduisez les journalistes par les chemins, la chaîne au cou, essayez de les river à une complicité détestable, peu importe;

vous n'abuserez personne, et, au lieu d'affaiblir la presse, vous la rendrez d'autant plus puissante que vous la persécuterez davantage.

15 NOVEMBRE.

.... Vraiment, tout ceci est incroyable. On a publié récemment un livre intitulé : *Précédents de la Cour des Pairs.* Nous engageons vivement l'auteur, s'il lui arrive de faire une nouvelle édition, à n'y point parler de ces 58 jours de secret où l'on a retenu M. Dupoty. Personne, assurément, n'y voudrait ajouter foi, et cela discréditerait le reste.

Cela est vrai, pourtant, sur cette lettre cent mille fois absurde si elle n'est pas cent mille fois infâme, on a bâti tout un échafaudage de complicité. On a suspendu sur la tête d'un citoyen recommandable une accusation infamante ; on l'a privé de sa liberté, on l'a violemment arraché à ses amis, à ses affaires, à ses relations. Et tout cela pour en venir à déclarer que *l'on s'en rapporte à la sagesse de la cour.*

M. Dupoty aura été pendant 40 jours au secret, on l'aura représenté pendant 40 jours comme le complice d'un assassin, pendant 40 jours, ceux qui ne le connaissaient pas auront pu dire : *Mais, enfin, puisqu'on l'arrête, il faut bien pourtant qu'il y ait quelque chose !* et il aura été confondu, lui, l'homme intelligent et loyal, avec un vulgaire misérable, et il n'obtiendra pas de réparation ! . . . . . .

18 NOVEMBRE 1841.

. . . . Et pourquoi aurait-on incarcéré Dupoty, et l'aurait-on retenu au secret pendant 58 jours, si ce n'était afin de jeter du discrédit sur cette presse dont il est un des plus consciencieux organes? Qu'y a-t-il dans toute l'instruction résumée par M. de Bastard, qui puisse faire soupçonner un instant le rédacteur du *Journal du Peuple* d'être complice d'un guet-apens?

Une lettre d'un détenu est adressée à M. Dupoty pour lui demander assistance, à lui et au *National*, et c'est en vertu de cette lettre qu'on le jette en prison ! Mais s'il suffit d'un tel prétexte pour arrêter un citoyen, est-il donc un seul de nous, fût-il pair de France, qui soit assuré de conserver un seul jour sa liberté !

Est-il possible, aux esprits même les plus prévenus, de croire un instant qu'un pareil motif d'accusation ait quelque chose de sérieux, et qu'il ait été inventé pour autre chose que pour déconsidérer aux yeux de la France la réforme et la presse.

FIN.

Paris — Imp. Lacrampe fils et Fertiaux, rue Damiette, 2.

www.ingramcontent.com/pod-product-compliance
Lightning Source LLC
Chambersburg PA
CBHW060145100426
42744CB00007B/911